Aulas de redação

8º

MARIA APARECIDA NEGRINHO

editora ática

editora ática

Diretora-Geral Editoras Ática e Scipione
Vera Balhestero
Diretora Editorial Editoras Ática e Scipione
Angela Marsiaj
Gerente Editorial Didáticos Editoras Ática e Scipione
Teresa Porto
Gerente de Qualidade e Suporte Editoras Ática e Scipione
Beatriz Mendes
Gerente Editorial Didáticos Ática
Margarete Gomes

Editora: Sueli Campopiano
Editor-assistente: Alexandre Miranda Rosa
Gerente de Revisão: Hélia de Jesus Gonsaga
Equipe de Revisão: Kátia Scaff Marques (Coordenação), Célia da Silva Carvalho, Gloria Cunha, Sandra Regina de Souza e Thais Roberto Dassi
Supervisor de Arte: Sérgio Yutaka Suwaki
Equipe de Arte: Andréa Dellamagna (Edição de Arte e Editoração Eletrônica)
Programação Visual de Capa: Andréa Dellamagna
Supervisor de Iconografia: Sílvio Kligin
Equipe de Iconografia: Caio Mazzilli (Pesquisa)
Tratamento de Imagem: Cesar Wolf e Fernanda Crevin
Programação Visual de Miolo: Lisa Ho
Ilustrações: Nik Neves (Capa), Evandro Luiz, Andrea Ebert, Nik Neves, Sabrina Eras e Theo (Miolo)
Editoração Eletrônica: aeroestúdio

Direitos desta edição cedidos à Editora Ática S.A.
Av. Otaviano Alves de Lima, 4400
5º andar e andar intermediário ala "A"
Freguesia do Ó – CEP 02909-900 – São Paulo – SP
Tel.: 0800 115152
www.atica.com.br / editora@atica.com.br

Dados Internacionais de Catalogação na Publicação (CIP)
(Câmara Brasileira do Livro, SP, Brasil)

Negrinho, Maria Aparecida
Aulas de redação / Maria Aparecida Negrinho. – São Paulo: Ática, 2011.
Obra em 4 v.
6º ano (13. ed.) – 7º ano (13. ed.) – 8º ano (12. ed.) – 9º ano (11. ed.)
Bibliografia.
1. Português - Redação (Ensino fundamental)
I. Título.

11-06312 CDD-372.623

Índice para catálogo sistemático:
1. Redação: Português: Ensino fundamental 372.623

2015
ISBN 978 85 08 12951 5 (AL)
ISBN 978 85 08 12952 2 (PR)
Cód. da obra CL 736253
12ª edição
6ª impressão

Impressão e acabamento: Corprint Gráfica e Editora Ltda.

Uma Publicação Abril EDUCAÇÃO

Conforme a nova ortografia da Língua Portuguesa

APRESENTAÇÃO

A coleção ***Aulas de redação*** foi organizada para oferecer aos alunos os requisitos necessários para se expressarem com clareza, correção e criatividade por meio da escrita.

Nesta reformulação, ampliamos o trabalho com gêneros textuais. Nas oito unidades de cada volume, são explorados, como modelos para a produção, textos de diferentes gêneros e as estruturas linguísticas que lhes são próprias.

A reflexão sobre a língua visa analisar não só o modo de organização do texto, mas também os mecanismos envolvidos em sua construção para atender à intenção de quem escreve. A ortografia também é trabalhada em inúmeros exercícios.

Além das propostas para debate, as seções **Ampliando horizontes** e **Conexão com...** oferecem aos estudantes uma base de dados ampla para a produção de seus textos.

O quadro de autoavaliação no final das unidades é um instrumento para diagnóstico das dificuldades encontradas.

Todos os volumes estão orientados para desenvolver o espírito crítico e a sociabilidade entre os alunos.

A autora

SUMÁRIO

Unidade 1 O PROCESSO DE COMUNICAÇÃO E SEUS PROBLEMAS

NIK NEVES/ARQUIVO DA EDITORA

Unidade 2 A AÇÃO NO TEXTO NARRATIVO

Unidade 3 O FOCO NARRATIVO

Unidade 4 A ATMOSFERA DA NARRATIVA E DA POESIA

EVANDRO LUIZ/ARQUIVO DA EDITORA

Unidade 5 O TEXTO JORNALÍSTICO: A REPORTAGEM, O ARTIGO

EVANDRO LUIZ/ARQUIVO DA EDITORA

Unidade 6 A CRÍTICA NO TEXTO HUMORÍSTICO

Unidade 7 A CRÍTICA EM TEXTOS FICCIONAIS E POÉTICOS

Unidade 8 RESENHA E EDITORIAL

Unidade 1

O PROCESSO DE COMUNICAÇÃO E SEUS PROBLEMAS

- **FOCO:** codificação, decodificação e repertório dos falantes.
- **GÊNERO:** crônica.
- **PRÁTICAS DE LINGUAGEM:** léxico, significante, significado; coesão textual; sintaxe; concordância verbal.

VAMOS LER 1

O escritor **Fernando Sabino** nasceu em Minas Gerais, em 1923, e morreu em 2004, no Rio de Janeiro. Quando criança, gostava tanto de ler que às vezes batia a cabeça num poste, pois lia até enquanto estava andando na rua, no caminho entre a casa e o colégio.

Publicou seu primeiro livro quando tinha 18 anos de idade. Foi funcionário público e estudou Direito, mas não exerceu a profissão de advogado. Sua carreira mesmo seria a de escritor, e escritor de muito sucesso. Escreveu crônicas, contos e romances.

O som de nosso *tempo*

OBSERVE COMO A FORMA DE EXPRESSÃO SE MODIFICA À MEDIDA QUE AS INOVAÇÕES TECNOLÓGICAS AVANÇAM.

Que haveria dentro daquela misteriosa caixa preta que o Seixas havia trazido? O Seixas era um rapazinho bem-falante e sabido que, no meu tempo de menino, frequentava nossa casa, não sei com que intenções; imagino hoje que fossem as de namorar minhas irmãs, ou suas amiguinhas, que também nos frequentavam.

Pois o Seixas, todo folgazão, se dispunha naquele momento a fazer com a tal caixa uma demonstração para as meninas. Coloquei-me estrategicamente no meio delas e aguardei os acontecimentos. Com um sorriso gentil e gestos delicados de mágico, o Seixas destampou a caixa, revelando em seu interior um prato giratório e um braço metálico que tinha na ponta uma rodela niquelada e toda furadinha.

O gramofone, eu não cheguei a conhecer: uma caixa musical, tendo no anúncio um cachorro branco de cabecinha tombada e orelha atenta, junto a uma enorme cornucópia por onde saía o som. Hoje pode ser visto por aí, como peça de decoração colhida no fundo dos antiquários.

Não era, pois, um gramofone, mas seu descendente direto, aquilo que eu tinha diante dos olhos: uma vitrola. Para que o prato girasse, era preciso dar corda — coisa que o Seixas, muito lampeiro, se pôs a fazer: introduziu no costado da caixa uma manivela e começou a girá-la, a cabecinha torta de expectativa como o cachorro do anúncio.

NIK NEVES/ARQUIVO DA EDITORA

Feito o que, colocou um disco no prato, e parecia um dentista ao prender, cheio de dedos, uma agulhinha prateada no lugar apropriado, antes de fazer a geringonça funcionar. O disco era, se me lembro, *Os Barqueiros do Volga*. O som saía meio chiado, e de vez em quando engrossava, desafinando, ia se arrefecendo, os barqueiros ameaçados de se afogar para sempre no Volga.

— É assim mesmo, é assim mesmo — dizia o Seixas, já meio suado, e voltava a girar freneticamente a manivela, dando à música novo alento.

Ao fim, a novidade não fez o esperado sucesso entre as mocinhas. Talvez não apreciassem tanto *Os Barqueiros do Volga*, ou a corte que lhes fazia o Seixas.

Este, não sei que fim terá levado, com a sua maravilhosa máquina musical. Provavelmente enfiou a vitrola no saco e saiu por este mundo em busca de melhores ouvintes. Em pouco ela estaria obsoleta, substituída por aparelhos mais aperfeiçoados. Gramofone, vitrola, eletrola, para não se falar no fonógrafo, foram se tornando ao longo do tempo designações arcaicas, hoje refugiadas nos dicionários. A bem dizer, os conjuntos de som de nossos dias já não têm designação alguma, acabaram referidos pelos jovens como som:

— Tenho lá em casa um som que é um barato.

— Então vamos lá tirar um som.

O que denota que a expressão vai se empobrecendo em favor da música — ou a música, a todo volume, vai acabando com a expressão entre os que não têm o que exprimir.

Ouvir música passou a ser uma distração ao alcance de qualquer criança. Existem mesmo, especialmente para elas, toca-fitas portáteis movidos a pilha, que fariam o Seixas se ralar de inveja.

Mas criança não tem mesmo jeito. Outro dia o menino chegou em casa esbaforido:

— Descobri um som que é um estouro! Vem ver, papai! Vem comigo!

Tomou o pai pela mão e o arrastou até a casa de objetos usados da esquina:

— Não precisa de ligar na tomada, não precisa de pilha nem de nada! Compra pra mim!

No meio da bagulhada que enchia a loja, o pai deu com uma vitrola daquelas antigas, de dar corda. Exatamente igual à do Seixas.

SABINO, Fernando. *Fernando Sabino*: obra reunida; edição organizada com a colaboração do autor. Rio de Janeiro: Nova Aguilar, 1996. v. 2.

Barato:
1. que se vende por preço baixo;
2. que não exige gastos elevados;
3. que cobra ou em que se cobra preço módico.

Aqueles artigos são todos bem baratos.

Barato:
aquilo que deleita; pessoa ou coisa boa, bonita, ou que se admira; curtição; aquilo que está na moda.

Viajar com ela é um barato.
O barato agora é usar saias longas.

ILUSTRAÇÕES: NIK NEVES/ARQUIVO DA EDITORA

Vamos **entender** o texto

Antes de fazer as atividades propostas a seguir, leia o quadro abaixo.

PROCESSO DE COMUNICAÇÃO, REPERTÓRIO DOS INTERLOCUTORES E DECODIFICAÇÃO DA MENSAGEM

O processo de comunicação caracteriza-se pela presença de dois falantes, também chamados de interlocutores, que se comunicam por meio de uma língua. Para que a decodificação da mensagem se processe de forma plena, os interlocutores devem dominar o mesmo código linguístico, pois o processo de comunicação é caracterizado pela familiarização entre dois falantes que dominam o código por meio do qual se comunicam.

Assim, o conjunto de significantes (forma gráfica + som) deve se converter num mesmo conjunto de significados (conceito ou ideia) para ambos os interlocutores.

1. No texto *O som de nosso tempo*, a personagem Seixas aparece com uma caixa preta e faz uma demonstração para algumas meninas. Conforme o segundo parágrafo, como o objeto é descrito pelo narrador?

2. No terceiro parágrafo, o narrador faz uma relação entre a caixa preta e o gramofone. Como ele descreve o gramofone?

3. A caixa preta do Seixas era, na verdade, uma vitrola. Releia o quarto parágrafo e descreva como se fazia para o aparelho funcionar.

4. Por que o autor afirma que **gramofone**, **vitrola**, **eletrola** e **fonógrafo** são designações arcaicas?

5. Considere as orações: "Provavelmente **enfiou a vitrola no saco** e **saiu por este mundo** em busca de melhores ouvintes.". As expressões destacadas, comumente usadas na linguagem oral, estão sendo empregadas em sentido figurado. Descreva o sentido de cada uma delas.

6. A quais equipamentos de som o narrador se refere quando diz: "os conjuntos de som de nossos dias"?

7. O narrador faz uma crítica a respeito da linguagem dos jovens ao se referirem aos equipamentos sonoros e à música. Como ele ilustra sua crítica?

8. Ao afirmar que os nomes estão sendo substituídos por expressões que empobrecem a comunicação, o narrador exemplifica seu comentário utilizando gírias a partir da palavra *som*. Que gírias são essas?

NIK NEVES/ARQUIVO DA EDITORA

9. No título, o significado da palavra *som* pode ser interpretado considerando-se dois sentidos. Quais são eles?

10. Você observou que para o processo de comunicação ocorrer de forma satisfatória tanto o emissor quanto o receptor da mensagem devem dominar o mesmo código linguístico. Além disso, a quantidade de palavras da mensagem emitida deve fazer parte do repertório do receptor. A ausência do contexto a que os significantes se referem impede que o processo de comunicação se realize plenamente. Pois bem, na leitura da crônica *O som de nosso tempo*, você sentiu ausência de contexto? Cite palavras ou frases para justificar a sua resposta.

Práticas de linguagem

1. Para compor sua narrativa, o escritor faz uma seleção prévia de palavras, combinando-as em frases, orações e parágrafos. Como sua única ferramenta é a palavra, o recurso mais comum para criar as imagens na mente do leitor, relativas a pessoas e a objetos, é o da descrição. Em vista disso, relacione abaixo as combinações de palavras feitas pelo escritor para criar as imagens ao descrever:

A. o objeto vitrola.

B. a personagem Seixas.

2. **Com base no texto, descreva o significado dos vocábulos abaixo com suas palavras. Em seguida, consulte um dicionário e complemente a sua definição.**

A. Fonógrafo

B. Geringonça

C. Toca-fitas

D. Som

E. Lampeiro

3. **Uso do pronome relativo QUE.**

Usa-se o pronome relativo QUE para unir orações em que um termo citado é retomado na oração subsequente por meio desse pronome. Observe como isso ocorre no período:

Que haveria dentro daquela misteriosa caixa preta **que** o Seixas havia trazido?

No caso acima, o pronome relativo QUE está substituindo a expressão *misteriosa caixa preta*. Quando as orações são separadas, substitui-se o pronome pelo nome ou pela expressão a que se refere.

Observe:
Oração 1: Que haveria dentro daquela misteriosa caixa preta?
Oração 2: O Seixas havia trazido (aquela) misteriosa caixa preta.
Proceda da mesma forma, separando as orações a seguir. Indique o termo ou a expressão a que o pronome relativo que se refere:

A. "O Seixas era um rapazinho bem-falante e sabido **que**, no meu tempo de menino, frequentava nossa casa [...]."

B. "[...] revelando em seu interior um prato giratório e um braço metálico **que** tinha na ponta uma rodela niquelada e toda furadinha."

C. "Talvez não apreciassem tanto *Os Barqueiros do Volga*, ou a corte **que** lhes fazia o Seixas."

D. "Existem mesmo, especialmente para elas, toca-fitas portáteis movidos a pilha, **que** fariam o Seixas se ralar de inveja."

4. Com a ajuda de um dicionário, encontre sinônimos para as palavras e expressões destacadas nos trechos do texto *O som de nosso tempo*:

NIK NEVES/ARQUIVO DA EDITORA

A. "Hoje pode ser visto **por aí**, como peça de decoração colhida no fundo dos antiquários."

B. "Talvez não apreciassem tanto *Os Barqueiros do Volga*, ou a **corte** que lhes fazia o Seixas."

C. "[...] foram se tornando ao longo do tempo designações arcaicas, hoje **refugiadas** nos dicionários."

D. "— Tenho lá em casa um **som** que é **um barato**."

E. "— Então vamos lá **tirar um som**."

F. "— Descobri um som que é **um estouro**!"

Conexão com História

Gramofone

Invenção do alemão Emil Berliner de 1887, o gramofone servia para reproduzir som gravado, utilizando um disco plano, em contraste com o cilindro do fonógrafo de Thomas Edison.

É um cilindro giratório coberto com cera (ou cobre), onde são gravadas, por uma agulha, as vibrações de um som emitido e afunilado em uma corneta interligada a uma lâmina (membrana) que sustenta a agulha. Com a emissão do som, o ar movimenta-se, vibrando a lâmina que faz a agulha riscar, em forma de ondas, a superfície do cilindro que está girando.

De forma inversa, ao girarmos o cilindro já riscado, com a agulha em contato, esta o lerá e transmitirá as vibrações para a lâmina (membrana), que passarão pela corneta, emitindo assim o som amplificado.

Disponível em: <http://pt.wikipedia.org/wiki/Gramofone>. (Acesso em 8 jun. 2011). Adaptado.

LEBEDINSKI VLADISLAV/SHUTTERSTOCK/GLOW IMAGES

Foto de gramofone com disco plano no prato.

Vamos conversar

Você observou como é importante a capacidade de comunicação. Para verificar como isso ocorre na prática, você participará de um jogo com as seguintes regras:

- Forme grupos de quatro ou cinco colegas.
- Cada aluno deverá pensar em um objeto simples, do cotidiano das pessoas, e o descreverá para os colegas de forma precisa, clara e objetiva, sem nomeá-lo.
- A proposta é que os outros descubram que objeto é esse no menor tempo possível. Um membro do grupo fica responsável por marcar os tempos.
- Pontuação: 2 pontos para o aluno que fizer a descrição mais precisa e em menor tempo; 1 ponto para o aluno que fizer a descoberta.

NIK NEVES/ARQUIVO DA EDITORA

Vamos planejar a escrita

As expressões idiomáticas de uma língua tanto podem denotar familiaridade quanto estranhamento, dependendo do repertório do falante. Há casos em que as expressões perdem seu sentido original e se modificam ao longo do tempo. Segue uma lista com algumas. Em dupla, desenvolva as atividades propostas.

1. Expliquem o significado das expressões dadas.

A. abrir o coração

B. abrir o jogo

C. arregaçar as mangas

D. baixar a bola

E. dar o braço a torcer

2. Criem uma oração para cada uma delas.

3. Comentem com a classe e com o professor as orações que vocês criaram.

Vamos **escrever**

Crônica

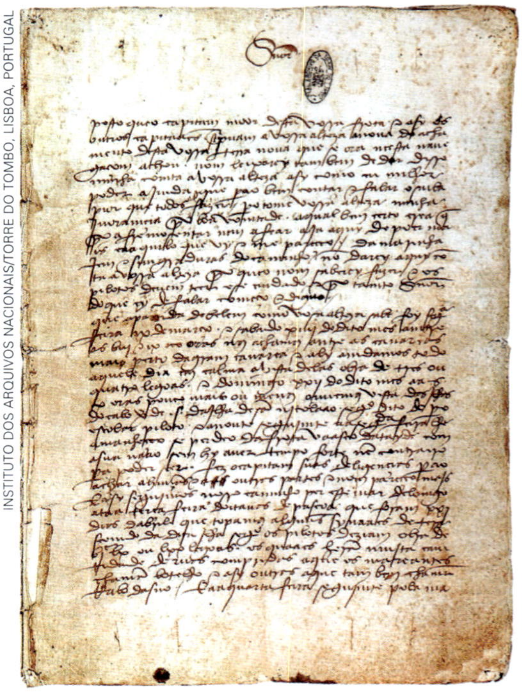

INSTITUTO DOS ARQUIVOS NACIONAIS/TORRE DO TOMBO, LISBOA, PORTUGAL

Carta com as novas do achamento da terra de Vera Cruz enviada a dom Manuel por Pero Vaz de Caminha.

Tradicionalmente, a palavra **crônica** designava a compilação de acontecimentos históricos organizados de forma cronológica, isto é, de acordo com a sucessão dos fatos na linha do tempo. Exemplo desse tipo de crônica como lista de acontecimentos é a *Carta de Achamento do Brasil*, escrita por Pero Vaz de Caminha, em que o autor descreve cronologicamente os acontecimentos relativos à chegada dos portugueses no novo mundo e o contato com os nativos.

A partir do século XIX, o vocábulo passa a designar também um gênero literário, localizado entre a prosa poética e o conto. Nessa acepção, a principal característica é a visão pessoal, subjetiva, do escritor ante um fato ou uma circunstância do coditiano. No âmbito da linguagem, há uma proximidade maior entre a variedade-padrão da língua escrita e a oralidade.

Seguem algumas dicas antes da criação de sua crônica:

- Lembre-se de algum acontecimento de que você fez parte ou de alguma história boa para se contar sobre algum evento ou ente querido.
- Procure relacionar algumas informações mais detalhadas sobre o item acima, como:
  - que dia era;
  - onde você estava;
  - se fazia sol ou se chovia;
  - se havia pessoas;
  - o que essas pessoas faziam ou o que conversavam;
  - o que chamou sua atenção para ser registrado em texto.
- Faça uma lista com as informações obtidas para facilitar a organização das ideias.
- Converse com os colegas de classe sobre os itens relacionados e acrescente outros que julgar necessários.
- Redija seu texto, lembrando-se de selecionar as palavras e combiná-las ao longo dos parágrafos de forma a suscitar a imaginação e a curiosidade do leitor.
- Explore a variedade-padrão da língua escrita e a oralidade na criação do texto.
- Leia seu texto pronto para a classe e explique o porquê do tema escolhido.

VAMOS LER 2

Carlos Drummond de Andrade nasceu em Minas Gerais, no ano de 1902. Formou-se em Farmácia na cidade mineira de Ouro Preto, mas não exerceu a profissão. Foi professor de Geografia e Português. Trabalhou como funcionário público, como chefe de gabinete do Ministério da Educação, em 1934. Trabalhou como redator-colaborador escrevendo crônicas em periódicos de Minas e do Rio de Janeiro. Traduziu para o português obras da literatura francesa e espanhola. Publicou seu primeiro livro, *Alguma poesia*, em 1930. Sua poesia abrange temas tanto líricos como sociais. É até hoje um dos poetas contemporâneos mais lidos, e suas obras foram traduzidas para vários idiomas. O poeta faleceu em 1987.

NIK NEVES/ARQUIVO DA EDITORA

Recalcitrante

NO TEXTO A SEGUIR, VEREMOS UM PROBLEMA CAUSADO PELO USO DE VOCABULÁRIO QUE NÃO É CONHECIDO POR AMBOS OS INTERLOCUTORES. MUITAS VEZES ISSO PREJUDICA A COMUNICAÇÃO E PODE CAUSAR GRANDES CONFUSÕES.

trocador: pessoa que cobra as passagens de ônibus. Em algumas regiões diz-se cobrador.

casa da peste: sinônimo de casa da mãe joana, lugar onde qualquer pessoa pode entrar e fazer o que bem quiser.

O trocador olhou, viu, não aprovou. Daquele passageiro, escanchado placidamente no banco lateral, escorria um fio de água que ia compondo, no piso do ônibus, a microfigura de uma piscina.

— Ei, moço, quer fazer o favor de levantar?

O moço (pois ostentava barba e cabeleira amazônica, sinais indiscutíveis de mocidade), nem te ligo.

O trocador esfregou as mãos no rosto, em gesto de enfado e desânimo, diante de situação tantas vezes enfrentada, e murmurou:

— Estes caras são de morte.

Devia estar pensando: Todo ano a mesma coisa. Chegando o verão, chegam problemas. Bem disse o Dario, quando fazia gol no Atlético Mineiro: Problemática demais. Estava cansado de advertir passageiros que não aprendem como viajar em coletivo. Não aprendem e não querem aprender. Tendo comprado passagem por 65 centavos, acham que compraram o ônibus e podem fazer dele casa da peste. Mas insistiu:

— Moço! Ô moço!

Nada. Dormia? Olhos abertos, pernas cabeludas ocupando cada vez mais espaço, ouvia e não respondia. Era preciso tomar providência:

— O senhor aí, cavalheiro, quer cutucar o braço do distinto, pra ele me prestar atenção?

O cavalheiro, vê lá se ia se meter numa dessas. Ignorou, olímpico, a marcha do caso terrestre.

Embora sem surpresa, o cobrador coçou a cabeça. Sabia de experiência própria que passageiro nenhum quer entrar numa fria. Ficam de camarote, espiando o circo pegar fogo. Teve pois que sair do seu trono, pobre trono de trocador, fazendo a difícil ginástica de sempre. Bateu no ombro do rapaz:

— Vamos levantar?

O outro mal olhou para ele, do longe de sua distância espiritual. Insistiu:

— Como é, não levanta?

— Estou bem aqui.

— Eu sei, mas é preciso levantar.

— Levantar pra quê?

— Pra que, não. Por quê. Seu calção está molhado de água do mar.

— Tem certeza que é água do mar?

— Tá na cara.

— Como tá na cara? Analisou?

Forrou-se de paciência para responder:

— Olha, o senhor está de calção de banho, o senhor veio da praia, que água pode ser essa que está pingando se não for água do mar? Só se...

— Se o quê?

— Nada.

— Vamos, diz o que pensou.

— Não pensei nada. Digo que o senhor tem de levantar porque seu calção está ensopado e vai fazendo uma lagoa aí embaixo.

— E daí?

— Daí, que é proibido.

— Proibido suar?

— Claro que não.

— Pois eu estou suando, sabe? Não posso suar sentado, com esse calorão de janeiro? Tenho que suar de pé?

— Nunca vi suar tanto na minha vida. Desculpe, mas a portaria não permite.

portaria: regulamento, norma ou qualquer determinação de autoridade pública.

— Que portaria?

— Aquela pregada ali, não está vendo? "O passageiro, ainda que com roupa sobre as vestes de banho molhadas, somente poderá viajar de pé".

— Portaria nenhuma diz que o passageiro suado tem que viajar de pé. Papo findo, tá bom?

— O senhor está desrespeitando a portaria e eu tenho que convidar o senhor a descer do ônibus.

— Eu, descer porque estou suado? Sem essa.

— O ônibus vai parar e eu chamo a polícia.

— A polícia vai me prender porque estou suando?

— Vai botar o senhor pra fora porque é um... recalcitrante.

O passageiro pulou, transfigurado:

— O quê? Repita se for capaz.

— Re... calcitrante.

— Te quebro a cara, ouviu? Não admito que ninguém me insulte!

— Eu? Não insultei.

— Insultou, sim. Me chamou de réu. Réu não sei o quê, calcitrante, sei lá o que é isso. Retira a expressão, ou lá vai bolacha.

— Mas é a portaria! A portaria é que diz que o recalcitrante...

— Não tenho nada com a portaria. Tenho é com você, seu cretino. Retira já a expressão, ou...

Retira não retira, o ônibus chegou ao meu destino, e eu paro infalivelmente no meu destino. Fiquei sem saber que consequências físicas e outras teve o emprego da palavra "recalcitrante".

ANDRADE, Carlos Drummond de. In: *Para gostar de ler*. São Paulo: Ática, 1977. v. 1, p. 70-3.

Vamos **entender** o texto

1. Como pode ser entendida a expressão "escanchado placidamente"?

2. Considere o seguinte período:

[...] escorria um fio de água que ia compondo, no piso do ônibus, **a microfigura de uma piscina**.

A expressão em destaque foi utilizada pelo narrador para tornar o texto mais expressivo e aumentar ainda mais a tensão da cena e do ânimo do trocador que observava o ato. Reescreva a oração utilizando uma expressão atenuante, isto é, que diminua o caráter expressivo da cena.

NIK NEVES/ARQUIVO DA EDITORA

3. No terceiro parágrafo, o narrador usa a expressão *nem te ligo*. De acordo com a cena retratada, ela pode ser entendida de duas formas. Quais são elas?

4. Conforme a narrativa se desenvolve, a tensão vai aumentando. Essa característica é controlada pelo narrador a fim de prender a atenção e a curiosidade do leitor. Observe a oração:

O trocador esfregou as mãos no rosto, em gesto de enfado e desânimo, diante de situação tantas vezes enfrentada [...].

A partir daí, no sexto parágrafo, o narrador movimenta o leitor do local onde a cena acontece para o pensamento do trocador. Como ele procede para fazer isso?

5. O que motivou o narrador a comentar no sexto parágrafo o ânimo e a disposição do trocador?

6. O trocador, mais uma vez, se dirige ao passageiro:

— Moço! Ô moço!

Mas o passageiro ainda assim não ouve o trocador. E o narrador, como se estivesse contando ao leitor a cena vivenciada, apresenta novas características do passageiro. Como é descrita essa parte da cena?

7. Antes de ser travado o diálogo entre as duas personagens, há vários fragmentos e frases ao longo do texto que fornecem pistas a respeito do tipo do passageiro e do trocador. Essas pistas são compostas segundo a intenção do narrador para tornar seu texto pitoresco, isto é, moldado de forma a dar o colorido necessário à narrativa. Enumere esses fragmentos que descrevem ou caracterizam os dois tipos.

PASSAGEIRO	TROCADOR

8. Qual o significado da expressão: "barba e cabeleira amazônica"?

9. **Muitos verbos da língua portuguesa podem ser utilizados tanto no sentido denotativo ou referencial como no sentido conotativo ou figurado. Com base no contexto do que foi lido, explique o sentido de cada uma das expressões abaixo:**

A. entrar numa fria

B. ficar de camarote

C. ver (ou espiar) o circo pegar fogo

D. sair do trono

10. A narrativa atinge seu ponto culminante quando o trocador anuncia o que diz a portaria ao passageiro e informa-lhe que vai botá-lo para fora do ônibus por ele ser um recalcitrante. Por que o passageiro reage daquela forma?

Práticas de linguagem

1. **Substitua as palavras e expressões destacadas por sinônimos:**

A. "Daquele passageiro, **escanchado placidamente** no banco lateral, escorria um fio de água que ia compondo, no piso do ônibus, a **microfigura** de uma piscina."

B. "Estes caras são **de morte**."

C. "— O senhor aí, cavalheiro, quer **cutucar** o braço do **distinto**, pra ele me prestar atenção?"

2. Passe os verbos do pretérito do indicativo para o presente do indicativo:

A. "O trocador olhou, viu, não aprovou."

B. O trocador esfregou as mãos no rosto, em gesto de enfado e desânimo, diante de situação tantas vezes enfrentada, e murmurou.

C. "Nada. Dormia? Olhos abertos, pernas cabeludas ocupando cada vez mais espaço, ouvia e não respondia. Era preciso tomar providência."

3. Observe o modelo e faça a mesma transformação nas frases propostas.

Aquele era **um dos** passageiros que **desagradavam** o motorista.

Aquele *era um dos passageiros que* **desagradava** *o motorista.*

A. O cobrador era uma das pessoas que cumpriam as leis.

B. A língua portuguesa é uma das línguas que mais apresentam variedade de vocabulário.

C. Mara é uma das alunas que chegam cedo à escola.

D. O Brasil é um dos países que mais exportam bens duráveis na América Latina.

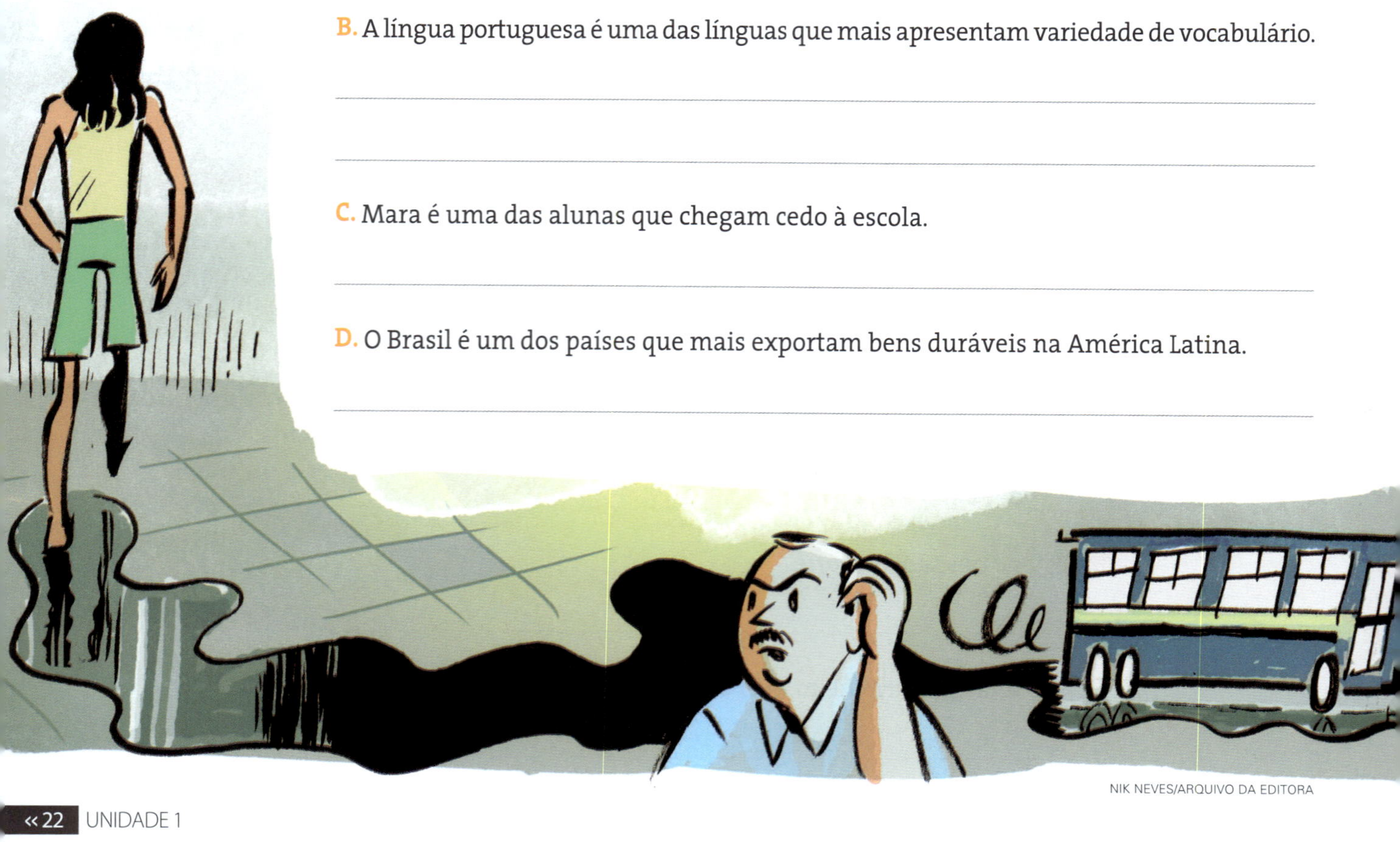

NIK NEVES/ARQUIVO DA EDITORA

Conexão com Futebol

Dadá Maravilha

No texto que você leu, Carlos Drummond de Andrade citou o jogador de futebol Dario, centroavante conhecido como Dadá Maravilha e por vários outros apelidos: Peito de Aço, Dadá Beija-Flor, Jacaré, Rei Dadá, Pluto ou simplesmente Dadá. Nasceu em 1946, começou sua carreira no futebol profissional nos anos 1960 e jogou até os anos 1980.

Esse jogador tinha uma impulsão impressionante e parecia pairar no ar. Diziam que era meio desengonçado em campo, mas sempre fazia gols, o que o tornava rapidamente conhecido dos torcedores dos times pelos quais jogou pelo Brasil afora. Ganhou vários campeonatos e integrou a seleção brasileira de 1970. Uma de suas peculiaridades era a irreverência com que fazia uma espécie de *marketing* pessoal, sempre em forma de frases rimadas e trocadilhos, semelhante ao que fazem os lutadores de boxe profissional norte-americanos. Algumas pérolas de Dadá:

"Não me venham com problemática, que eu tenho a solucionática."

"Com Dadá em campo, o placar não fica em branco."

"Eu me preocupo tanto em fazer gols, que não tive tempo de aprender a jogar futebol."

"Garrincha, Pelé e Dadá têm de ser currículo escolar."

"Não existe gol feio, feio é não fazer gol."

ARQUIVO DO JORNAL *FOLHA DE S.PAULO*/FOLHAPRESS

WASHINGTON ALVES/LIGHT PRESS

Dadá Maravilha em lance de uma partida e, no detalhe, já aposentado dos campos.

Vamos **relacionar** os textos

Nos dois textos lidos nesta unidade, ocorrem situações que exemplificam a complexidade na transmissão da mensagem e na interação entre as pessoas.

1. Complete o quadro com as informações apresentadas abaixo:

- Dificuldade em decodificar o texto
- Diferença entre o repertório do falante e o do ouvinte
- Desconhecimento de vocabulário especializado
- Termos considerados arcaicos na língua portuguesa
- Emprego de vocabulário incompatível com o ouvinte

O SOM DE NOSSO TEMPO	*RECALCITRANTE*

2. No seu cotidiano, você vive situações semelhantes à mostrada nos textos? Você tem mais dificuldade para se expressar ou mais dificuldade para adaptar seu vocabulário a diferentes situações? Justifique sua resposta contando um caso que tenha ocorrido com você.

Vamos pesquisar

Você já observou que algumas pessoas usam um vocabulário que não é conhecido pela maioria? Seu trabalho, com os colegas, será formar dicionários de palavras que não são usadas no cotidiano da maioria da população com quem você convive. Siga as etapas.

1. Com sua equipe, escolha uma ou mais pessoas que representem um grupo específico (surfista, esqueitista, internauta, policial, pessoa natural de outro estado, pessoa idosa...).

AISPIX/SHUTTERSTOCK/GLOW IMAGES

Amigos indo surfar.

2. Peçam a seus entrevistados que citem palavras típicas de sua atividade, de seu local de origem ou que utilizavam no passado. Em seguida indaguem e escrevam o significado das palavras e uma frase em que a palavra seja empregada.

3. Montem o dicionário seguindo as orientações:

- Na capa, indiquem que tipos de palavras e expressões aparecerão no dicionário (por exemplo, "Dicionário de Termos Usados por Surfistas").
- Na primeira página, coloquem também o nome da(s) pessoa(s) entrevistada(s) e o nome dos membros do grupo.
- Na(s) página(s) interna(s), apresentem as palavras e expressões em ordem alfabética, seus significados e uma frase com cada uma delas.

O uso dos homônimos e parônimos

Quando falamos ou escrevemos, corremos o risco de cometer pequenos erros por causa de certas palavras parecidas, mas com significados diferentes. São as palavras homônimas e as palavras parônimas.

Homônimos são palavras diferentes no sentido que têm a mesma pronúncia ou a mesma grafia. Exemplos: conserto/concerto, rio/rio (verbo e substantivo).

Parônimos são palavras diferentes no sentido, mas parecidas na pronúncia e na grafia. Exemplos: absolver/absorver, eminente/iminente.

Com o auxílio de um dicionário, faça os exercícios propostos a seguir.

1. **Escolha as palavras homônimas que completam o sentido das frases, fazendo as devidas adaptações.**

A. (russo – ruço)

Seus cabelos estão ficando ______________________.

Os ______________________ estão acostumados com o frio.

B. (acento – assento)

Esqueci minha carteira no ______________________ do carro.

Toda palavra proparoxítona leva ______________________.

C. (censo – senso)

Percebi que ela tinha ______________________ de humor.

O rapaz do ______________________ passou hoje de manhã na minha rua.

D. (ascender – acender)

Quando deu oito da noite, ______________________ a fogueira.

O objetivo do jovem advogado é ______________________ na carreira.

E. (incipiente – insipiente)

A doença se encontrava em fase ______________________.

Ele se mostrou ______________________ para tratar o assunto.

F. (serrar – cerrar)

Papai ______________________ a madeira com muita habilidade.

Assim que me deitei, ______________________ os olhos e dormi.

NIK NEVES/ARQUIVO DA EDITORA

2. Escolha as palavras parônimas que completam o sentido das frases, fazendo as devidas adaptações.

A. (sortir – surtir)

O comerciante ______________________ o mercadinho de produtos portugueses.

A alteração do técnico não ______________________ o efeito esperado.

B. (discrição – descrição)

Machado de Assis era mestre na ______________________ de suas personagens.

A virtude que mais aprecio nas pessoas é a ______________________.

C. (delatar – dilatar)

O barão do Rio Branco ______________________ as fronteiras do Brasil.

Joaquim Silvério dos Reis ______________________ os inconfidentes.

D. (emigrar – imigrar)

Meu tio ______________________ para a Itália.

Na época da guerra, vários intelectuais europeus ______________________ para o Brasil.

Ortografia: evitando erros

Muito cuidado quando for escrever as palavras e locuções abaixo, para não cometer erros que comprometem o texto.

CORRETO	ERRADO	CORRETO	ERRADO
privilégio	~~previlégio~~	indenização	~~idenização~~
malcriado	~~maucriado~~	convalescença	~~convalescência~~
meritíssimo	~~meretíssimo~~	cuspir	~~guspir~~
empecilho	~~impecilho~~	eletricista	~~eletrecista~~
octogésimo	~~octagésimo~~	meteorologia	~~metereologia~~
cadarço	~~cardaço~~	perturbação	~~pertubação~~
caranguejo	~~carangueijo~~	estupro	~~estrupo~~
mal-estar	~~mau estar~~	mertiolato	~~metiolato~~
beneficência	~~beneficiência~~	rixa	~~rinxa~~
cabeleireiro	~~cabelereiro~~	manteigueira	~~mantegueira~~
prazerosamente	~~prazeirozamente~~	espontaneidade	~~espontaniedade~~
mortadela	~~mortandela~~	asterisco	~~asterístico~~
mendigo	~~mendingo~~	disenteria	~~desinteria~~

Ampliando horizontes

Depois de vários séculos, finalmente as escolas indígenas estão sob o comando das aldeias, e a cultura local será destaque na sala de aula. Leia os textos a seguir sobre o tema e depois responda às questões propostas.

Escola de índio, professor índio. Finalmente!

Manhã de fevereiro na aldeia Bodoquena, a 468 quilômetros de Campo Grande (MS). É dia de festa para a comunidade de 1592 índios kadiwéus. Crianças e adultos chegam ao barracão, em frente à escola, com sua melhor roupa: vestidos coloridos, sapatos de salto alto, gravatas com nó caprichado e paletós bem passados. Lá não há luz elétrica, mas o ferro de passar é esquentado nas bocas do fogão a lenha. Em alguns rostos, a marca da identidade do povo, pintura de traços bem finos feita de jenipapo e carvão pelas mãos calejadas das mulheres. O motivo da comemoração é a formatura de 20 alunos — 17 kadiwéus, dois kinikinaus e um não indígena — no curso de magistério. Agora, a escola da aldeia será tocada pelos próprios índios, que são capacitados em um programa específico para eles. "Sinto muito orgulho por fazer parte dessa fase feliz de nossa história", diz Martina de Almeida, formanda que leciona há dez anos. Para os 315 alunos de Ensino Fundamental, a festa é momento de fazer planos. "Quero ser professora também", diz Débora da Silva, de 9 anos. Para a comunidade, a cerimônia representa a certeza de que a cultura local não se perderá nas salas de aula. E para o país, enfim, a colação de grau é um retrato fiel e reduzido das mudanças que estão ocorrendo no ensino indígena nas últimas décadas. Hoje, a escola garante a manutenção das tradições e serve como ponte para o mundo fora da aldeia.

Alunos kadiwéus e kinikinaus comemoram o diploma de professor.

MASAO GOTO FILHO/ARQUIVO DA EDITORA

Currículo incorpora os costumes e saberes da tribo

Há mais de 2 mil professores cursando o magistério indígena, um número nunca antes alcançado. De fato, desde a década de 1970, os índios já lecionavam, mas eram poucos perante os não indígenas. Só a partir da Constituição de 1988 e mais fortemente com a Lei de Diretrizes e Bases da Educação Nacional, de 1996, é que eles passaram a ser reconhecidos legalmente em suas diferenças e peculiaridades.

O Referencial Curricular Nacional para as Escolas Indígenas, lançado em 1998 pelo Ministério da Educação (MEC), reafirmou brilhantemente o direito ao ensino bilíngue e a um currículo que privilegia os conhecimentos, os costumes, a história e as necessidades de cada nação. [...] Essa nova concepção pedagógica permite que nas aulas de História, por exemplo, sejam valorizados relatos orais, desenhos, imagens e músicas da comunidade como importantes saberes escolares. Os estudantes indígenas são sujeitos da história e podem documentar e divulgar seus feitos. Como poucos livros mencionam a participação dos kadiwéus na Guerra do Paraguai (1864-1870), eles escreveram uma versão nova para esse episódio, o livro *Construindo com as próprias mãos*. A obra foi produzida sob a coordenação de Giovani José da Silva — professor nota 10 na edição de 2001 do Prêmio Victor Civita —, que dá aulas na aldeia desde 1998.

Em Educação Física, jogos, danças, brincadeiras, técnicas de caça, pesca e plantio são explorados em atividades de desenvolvimento corporal. O professor Josiney da Silva Rufino já incorporou as mudanças em suas aulas na 2ª série. Para trabalhar a força dos músculos e o espírito de equipe, seus alunos jogam futebol, mas também participam de brincadeiras antigas, como o jogo da mandioca. Várias crianças se agarram a uma árvore — como a raiz dessa planta se prende ao chão — enquanto um colega tenta arrancá-las. Vence quem permanecer preso ao tronco.

BENCINI, Roberta. Revista *Nova Escola*, abril 2004.

Índios no Brasil *descobre o tempo de expressar*

SÉRIE DA TV ESCOLA MOSTRA COMO VIVE E O QUE PENSA A POPULAÇÃO INDÍGENA DO PAÍS.

A cartilha das escolas indígenas brasileiras retrata a história de forma diferente da que está registrada nos livros oficiais. No Acre, por exemplo, a história do Brasil possui quatro períodos: o Tempo das Malocas, antes de Cabral; o Tempo das Correrias, quando os índios eram caçados e suas terras foram ocupadas; o Tempo do Cativeiro, quando eles se tornaram mão de obra escrava nos seringais; e o Tempo dos Direitos, quando as mais de 200 etnias brasileiras conquistaram o direito às terras e à sua cultura. Se depender do documentário *Índios no Brasil*, eles poderão ganhar outro novo tempo, o de se expressar e de contar a história para a população brasileira sob seu ponto de vista.

[...]

A série é a primeira a dar a voz aos índios de nove povos dispersos no território nacional para falar de sua relação com o branco e suas consequências, desde a época do Descobrimento até hoje. Realizada pela TV Escola e dirigida por Vincent Carelli, que há mais de 13 anos realiza trabalhos com a ONG Vídeo nas Aldeias, a série levou quatro meses para ser realizada e é apresentada por um líder indígena, Ailton Krenak. "Com ele, que também é índio e já realizou trabalhos com vários líderes de todo o país, o programa ganhou muita espontaneidade", conta Carelli.

Os temas abordados ganharam textos complementares de antropólogos, que foram editados em três cadernos pelo MEC. Mas Carelli não quer restringir essa discussão à sala de aula. "Acho que essa é uma oportunidade para todos os brasileiros refletirem", diz.

O desafio é preservar a cultura, diz o diretor

[...]

Nossas Línguas, o segundo programa, retrata a repressão às línguas indígenas ao longo destes 500 anos por meio das missões religiosas, dos funcionários do governo e até da população. "Eu ficava de castigo na escola se não falasse português e levava bronca em casa se não falasse nossa língua", conta Azilene. Mesmo assim, ainda são faladas 180 línguas indígenas no Brasil. A Constituição de 1988 reconhece o direito ao ensino diferenciado nas escolas das aldeias. "Essa foi uma das grandes conquistas do povo indígena nos últimos tempos", comenta o professor Joaquim Kaxinawá, do Acre. "Outra foi o direito por lei à retomada de nossas terras, com a presença de um agente de saúde, e a livre organização de nossas comunidades", completa. [...]

GUERRA, Flávia. *O Estado de S. Paulo*, 14 ago. 2000. Caderno 2, p. D3.

1. O que você acha dessa mudança de professores nas escolas indígenas? Por quê?

2. Você acha que a preservação da língua dos povos indígenas é importante? Por quê?

Vamos escrever

Agora é a sua vez de fazer uma crônica. Pense numa narrativa em que as personagens tenham problemas de comunicação por não possuírem o mesmo repertório vocabular. Se você preferir, pode utilizar as palavras do texto 1. Para montar o seu texto, seguem algumas dicas:

- Escolha o assunto que você vai abordar.
- Pense no local onde as cenas acontecerão e como elas vão ser desenvolvidas.
- Defina o número de personagens que participarão da narrativa e as suas falas.
- Faça uma seleção das palavras para criar a tensão narrativa.
- Pense no desfecho que o texto deverá ter.
- Dê um título para o texto.

Autoavaliação e reescrita

Releia seu texto orientando-se pelo quadro a seguir.

sim	não	
☐	☐	Seu texto pode ser classificado como uma crônica?
☐	☐	O local onde ocorrem os fatos está bem caracterizado?
☐	☐	A descrição das personagens desperta algum tipo de sentimento no leitor?
☐	☐	Há a tensão narrativa que causa curiosidade no leitor?
☐	☐	A seleção e a combinação das palavras é adequada ao tipo de texto?
☐	☐	O desenvolvimento da narrativa cria um desfecho adequado ao tema proposto?

Unidade 2

A AÇÃO NO TEXTO NARRATIVO

- **FOCO:** a síntese dramática do conto: unidade de ação, unidade de espaço e unidade de tempo.
- **GÊNEROS:** o conto e a crônica.
- **PRÁTICAS DE LINGUAGEM:** adjetivo; modo e tempo verbais; interjeição; discurso direto e indireto.

VAMOS LER 1

Artur Nabantino Gonçalves de Azevedo nasceu em São Luís (MA), a 7 de julho de 1855. Nas redações da imprensa e nas repartições públicas, Artur de Azevedo conheceu os principais intelectuais brasileiros do fim do século XIX, início do XX: Machado de Assis, Araripe Júnior, Raul Pompeia, Olavo Bilac e Coelho Neto. Participou da campanha abolicionista, que arrebatou grande parte da sociedade brasileira, a partir da década de 1870. Morreu em 22 de outubro de 1908.

Plebiscito

OBSERVE COMO SE CRIA UMA TENSÃO NARRATIVA, ENVOLVENDO AS AÇÕES DAS PERSONAGENS NUMA SITUAÇÃO DE CONFLITO.

A cena passa-se em 1890.

A família está toda reunida na sala de jantar.

O sr. Rodrigues palita os dentes, repimpado numa cadeira de balanço. Acabou de comer como um abade.

D. Bernardina, sua esposa, está muito entretida a limpar a gaiola de um canário belga.

Os pequenos são dois, um menino e uma menina. Ela distrai-se a olhar para o canário. Ele, encostado à mesa, os pés cruzados, lê com muita atenção uma das nossas folhas diárias.

Silêncio.

De repente, o menino levanta a cabeça e pergunta:

— Papai, que é plebiscito?

O sr. Rodrigues fecha os olhos imediatamente para fingir que dorme.

O pequeno insiste:

— Papai?

THEO/ARQUIVO DA EDITORA

Pausa:

— Papai?

D. Bernardina intervém:

— Ó seu Rodrigues, Manduca está lhe chamando. Não durma depois do jantar, que lhe faz mal.

O sr. Rodrigues não tem remédio senão abrir os olhos.

— Que é? Que desejam vocês?

— Eu queria que papai me dissesse o que é plebiscito.

— Ora essa, rapaz! Então tu vais fazer doze anos e não sabes ainda o que é plebiscito?

— Se soubesse, não perguntava.

O sr. Rodrigues volta-se para d. Bernardina, que continua muito ocupada com a gaiola:

— Ó senhora, o pequeno não sabe o que é plebiscito!

— Não admira que ele não saiba, porque eu também não sei.

— Que me diz?! Pois a senhora não sabe o que é plebiscito?

— Nem eu, nem você; aqui em casa ninguém sabe o que é plebiscito.

— Ninguém, alto lá! Creio que tenho dado provas de não ser nenhum ignorante!

— A sua cara não me engana. Você é muito prosa. Vamos: se sabe, diga o que é plebiscito! Então? A gente está esperando! Diga!...

— A senhora o que quer é enfezar-me!

— Mas, homem de Deus, para que você não há de confessar que não sabe? Não é nenhuma vergonha ignorar qualquer palavra. Já outro dia foi a mesma coisa quando Manduca lhe perguntou o que era proletário. Você falou, e o menino ficou sem saber!

— Proletário — acudiu o sr. Rodrigues — é o cidadão pobre que vive do trabalho mal remunerado.

— Sim, agora sabe porque foi ao dicionário; mas dou-lhe um doce, se me disser o que é plebiscito sem se arredar dessa cadeira!

— Que gostinho tem a senhora em tornar-me ridículo na presença destas crianças!

— Oh! Ridículo é você mesmo quem se faz. Seria tão simples dizer: — Não sei, Manduca, não sei o que é plebiscito; vai buscar o dicionário, meu filho.

O sr. Rodrigues ergue-se de um ímpeto e brada:

— Mas se eu sei!

— Pois se sabe, diga!

— Não digo para me não humilhar diante de meus filhos! Não dou o braço a torcer! Quero conservar a força moral que devo ter nesta casa! Vá para o diabo!

THEO/ARQUIVO DA EDITORA

E o senhor Rodrigues, exasperadíssimo, nervoso, deixa a sala de jantar e vai para o seu quarto, batendo violentamente a porta.

No quarto havia o que ele mais precisava naquela ocasião: algumas gotas de água de flor de laranja e um dicionário...

A menina toma a palavra:

— Coitado de papai! Zangou-se logo depois do jantar! Dizem que é tão perigoso!

— Não fosse tolo — observa d. Bernardina — e confessasse francamente que não sabia o que é plebiscito!

— Pois sim — acode Manduca, muito pesaroso por ter sido o causador involuntário de toda aquela discussão; — pois sim, mamãe, chame papai e façam as pazes.

— Sim! Sim! façam as pazes! — diz a menina em tom meigo e suplicante. — Que tolice! Duas pessoas que se estimam tanto zangaram-se por causa do plebiscito!

D. Bernardina dá um beijo na filha, e vai bater à porta do quarto:

— Seu Rodrigues, venha sentar-se; não vale a pena zangar-se por tão pouco.

O negociante esperava a deixa. A porta abre-se imediatamente. Ele entra, atravessa a casa, e vai sentar-se na cadeira de balanço.

— É boa! — brada o senhor Rodrigues depois de largo silêncio —; é muito boa! Eu! Eu ignorar a significação da palavra *plebiscito*! Eu!...

A mulher e os filhos aproximam-se dele.

O homem continua num tom profundamente dogmático:

— Plebiscito...

E olha para todos os lados a ver se há por ali mais alguém que possa aproveitar a lição.

— Plebiscito é uma lei decretada pelo povo romano, estabelecido em comícios.

— Ah! — suspiram todos, aliviados.

— Uma lei romana, percebem? E querem introduzi-la no Brasil! É mais um estrangeirismo!...

AZEVEDO, Artur de. *Contos de Artur Azevedo*. 1. ed. São Paulo: DCL, 2005. p. 50.

Prosa:
expressão natural da linguagem escrita ou falada, sem metrificação intencional e não sujeita a ritmos regulares.

ILUSTRAÇÕES: THEO/ARQUIVO DA EDITORA

Prosa:
que ou aquele que se gaba ou aparenta gabar-se, com ou sem fundamento, de merecimentos próprios ou dotes pessoais; vaidoso, convencido, fanfarrão.

Antes de fazer as atividades propostas a seguir, leia o quadro abaixo.

O conto e sua estrutura

O **conto** se estrutura em torno de uma narrativa curta em que as personagens vivem uma situação de conflito desencadeado por seus atos. A narrativa parte de uma situação inicial de equilíbrio, desenvolve-se até atingir o clímax, isto é, o ponto máximo de tensão, e termina com o desfecho ou desenlace. Geralmente, o conto apresenta enredo, personagem, espaço, tempo, foco narrativo, clímax e desfecho (ou desenlace).

Vamos **entender** o texto

1. No conto *Plebiscito* quantas personagens participam da história?

2. Antes de responder à questão, leia o quadro:

A tensão narrativa

Diante da situação inicial de conflito, as ações das personagens, expressas pelos verbos, vão sendo desencadeadas e, consequentemente, o conflito vai aumentando, até atingir a tensão máxima ou o clímax, em que é necessário um desenlace. Há um vínculo entre o conflito e a ação. Assim, a unidade de ação ou a sequência de atos das personagens é fundamental para o desenvolvimento da história e para a precisão da narrativa.

Qual é a situação de conflito vivida pelas personagens?

3. Leia o parágrafo:

O sr. Rodrigues fecha os olhos imediatamente para fingir que dorme.

Por que a personagem age dessa forma?

THEO/ARQUIVO DA EDITORA

4. Comente o sentido da expressão em destaque:

[...] **não tem remédio** senão abrir os olhos.

5. Instaurado o conflito, o pai se vê obrigado a responder à pergunta feita pelo filho. Como ele age diante da situação criada?

6. De acordo com o texto, cite pelo menos nove ações da personagem para evitar responder à pergunta do filho e, assim, esconder sua ignorância em relação ao significado do termo em questão.

SEQUÊNCIA DE AÇÕES	AÇÕES DA PERSONAGEM

7. Cite o parágrafo em que a narrativa atinge o clímax, isto é, um ponto culminante em que a personagem precisa tomar uma decisão definitiva.

8. A atitude da personagem demonstra que ele, de fato, estava nervoso e exasperado ou sua ação tinha alguma intenção implícita?

9. Por que o narrador diz que o negociante esperava a deixa?

10. Como termina a cena e se restaura o equilíbrio da narrativa?

11. Outra característica do conto, além da unidade de ação, é a unidade de espaço e de tempo, isto é, as ações ocorrem em espaço e tempo circunscritos, determinados. No conto *Plebiscito*, essa característica é seguida?

12. Qual a importância do quarto para o desenlace ou o desfecho da narrativa?

13. Por que a primeira preocupação do narrador foi situar o leitor quanto ao tempo, isto é, dizer que a cena ocorria em 1890?

Práticas de **linguagem**

Caracterização das personagens

1. No início do conto *Plebiscito*, para fazer a caracterização da cena, o autor seleciona certas palavras que orientam o leitor à medida que as personagens vão sendo apresentadas. Volte ao texto e observe como o autor caracteriza as personagens. Depois, relacione a seguir as palavras escolhidas para cada sujeito.

A. Como está a família?

B. Como está o sr. Rodrigues?

C. Como está d. Bernardina?

D. Como está a menina?

E. Como está o menino?

Modo e tempo verbais

Leia o quadro antes de responder ao exercício:

Em língua portuguesa, são três os modos do verbo: o **indicativo**, que expressa certeza; o **subjuntivo**, que expressa dúvida, hipótese; e o **imperativo**, que expressa desejo, pedido, ordem, etc. da pessoa que fala em relação ao fato que enuncia. O **tempo**, por sua vez, indica quando ocorreu a ação expressa pelo verbo.

THEO/ARQUIVO DA EDITORA

2. **Indique em que modo estão os verbos destacados abaixo:**

A. "[...] o menino **levanta** a cabeça e **pergunta** [...]."

B. "D. Bernardina **intervém** [...]."

C. "— Eu **queria** que papai me **dissesse** o que é plebiscito."

D. "— Se **soubesse**, não **perguntava**."

E. "[...] **diga** o que é plebiscito!"

3. **Passe as orações do presente do indicativo para o pretérito perfeito:**

A. "O sr. Rodrigues ergue-se de um ímpeto e brada [...]."

B. "E o senhor Rodrigues, exasperadíssimo, nervoso, deixa a sala de jantar e vai para o seu quarto, batendo violentamente a porta."

C. "D. Bernardina dá um beijo na filha, e vai bater à porta do quarto [...]."

D. "A mulher e os filhos aproximam-se dele."

Interjeição

Leia o quadro antes de fazer o exercício:

Interjeição é a expressão com que traduzimos os nossos estados emotivos. Na prosa de ficção, como no conto em estudo, o uso da interjeição aumenta a expressividade das cenas, revelando o estado emocional das personagens diante da situação que elas vivenciam. As interjeições podem ser classificadas conforme o sentimento que elas traduzem e de acordo com o contexto em que figuram, como: alegria, saudação, espanto, exclamação, admiração, etc.

Podem ser expressas por uma única palavra, por uma locução interjeitiva ou, dependendo do contexto, por uma oração.

4. No conto *Plebiscito*, as personagens utilizam diversas interjeições em suas falas. Relacione-as no quadro abaixo e descreva o sentimento que cada uma delas traduz na narrativa.

INTERJEIÇÃO	PERSONAGEM	SENTIMENTO QUE TRADUZ

Conexão com História

Plebiscito tardio

Mais de 100 anos depois da Proclamação da República, os brasileiros foram novamente confrontados com a ideia de restaurar a monarquia. Em 21 de abril de 1993, depois de uma campanha com direito a *jingles*, comerciais na TV e horário eleitoral gratuito, as cédulas apresentavam duas opções sucessivas. Primeira: monarquia ou república. Segunda: presidencialismo ou parlamentarismo.

TRIBUNAL SUPERIOR ELEITORAL
PLEBISCITO

Marque com um (X) o sistema e a forma de governo de sua escolha

☐ PARLAMENTARISMO	☐ REPUBLICANO ☐ MONARQUIA
☐ PRESIDENCIALISMO REPUBLICANO	

A tentativa de ressurreição do regime imperial partiu do deputado federal paulista Antônio Henrique Bittencourt da Cunha Bueno. Monarquista de berço, filho de Antônio Sílvio Cunha Bueno, um dos cardeais do PSD em São Paulo, Henrique Cunha Bueno decidiu, durante a Assembleia Nacional Constituinte, propor a realização de um plebiscito para dar ao povo a possibilidade de escolher a forma e o sistema de governo que preferiam. Seu principal argumento era que, durante o reinado de Pedro II, o Brasil vivera o período de maior estabilidade. Surpreendentemente a emenda que propunha o plebiscito foi aprovada.

Em maio de 1992, o parlamentar fundou o Movimento Parlamentarista Monárquico (MPM) ao lado de dom Pedro Gastão de Orleans e Bragança, um dos pretendentes ao trono, pertencente a uma das duas linhagens que reivindicam a coroa brasileira.

A república foi a forma de governo escolhida por 66% dos mais de 67 milhões de brasileiros que compareceram às urnas (contra 10% que optaram pela monarquia). O sistema presidencialista conseguiu 55% dos votos, enquanto o parlamentarismo ficou com 24%.

Disponível em:<http://veja.abril.com.br/blog/caca-ao-voto/tag/comerciais>. (Acesso em 4 maio 2011).

ITAMAR MIRANDA/AGÊNCIA ESTADO

Políticos de diversos partidos, favoráveis ao presidencialismo, se reúnem em São Paulo, SP (9/3/1993).

Jingle é uma mensagem publicitária musicada que consiste em estribilho simples e de curta duração, próprio para ser lembrado e cantarolado com facilidade.

Vamos conversar

Por meio da literatura de época, podem-se conhecer algumas características de nossos antepassados e imaginar o contexto em que viveram. No conto que você leu, foi possível reconstituir ou ter uma ideia do contexto da época, além de perceber como as mudanças que ocorriam no país, exemplificadas pelos termos *plebiscito* e *proletário*, impressos nas chamadas *folhas diárias*, afetavam o cotidiano das pessoas.

SCOTT ROTHSTEIN/SHUTTERSTOCK/GLOW IMAGES

As palavras, principalmente aquelas cujo significado desconhecemos, têm a característica de introduzir mudanças na nossa forma de ver e interpretar o mundo. Há também as que são inventadas e empregadas pelos falantes para designar seres ou objetos até então inexistentes. É o caso dos *neologismos*. As palavras *telefone* e *celular*, por exemplo, entraram para o léxico da língua portuguesa para designar essas invenções. É o contrário daquilo que você estudou na Unidade 1 a respeito das designações arcaicas, referentes a objetos obsoletos ou antiquados.

ANDRESR/SHUTTERSTOCK/GLOW IMAGES

Agora é com você.

Pense em duas palavras consideradas bem atuais e bastante usadas na língua portuguesa. Depois, converse com um colega sobre os itens a seguir. Em seguida, façam um parágrafo a respeito de cada item.

- A origem das palavras.

- O objeto a que as palavras se referem é nacional ou estrangeiro?

- Se as palavras forem de origem estrangeira, e não tiverem uma correspondente na língua portuguesa, discutam o motivo de elas não terem sido traduzidas para o idioma.

Vamos escrever

Você vai escrever um texto em prosa parecido com o texto 1. Para que sua composição esteja de acordo com a estrutura do conto que você estudou, defina:

- quantas personagens vão participar da narrativa;
- quem são essas personagens;
- o local onde as personagens vão estar no momento do conflito;
- o tempo da narrativa (lembre-se de que para falar do tema *plebiscito*, a primeira ação do autor foi especificar para seus leitores o tempo da narrativa, isto é, 1890);
- o tipo de cada personagem para dar a plasticidade necessária à narrativa.

Agora:

- imagine as ações de cada uma delas para o desenvolvimento das cenas, como se elas estivessem num palco;
- crie a situação de conflito desencadeado pelas ações das personagens;
- relacione os verbos de ação de cada uma delas para cada desequilíbrio por elas gerado;
- pense no ponto culminante do conflito para criar o clímax;
- defina como será o desenlace do conflito e a retomada do equilíbrio;
- escreva o texto final;
- dê um título para o conto.

THEO/ARQUIVO DA EDITORA

THEO/ARQUIVO DA EDITORA

VAMOS LER 2

Rubem Braga nasceu no estado do Espírito Santo, em 1913. Era um esportista, gostava de jogar futebol e nadar. Formou-se em Direito, mas nunca exerceu a profissão. Começou a escrever ainda muito jovem, em um jornal de sua família. Trabalhou como jornalista em várias cidades do país e foi correspondente de guerra durante a Revolução de 1932, em São Paulo, e também na Segunda Guerra Mundial, quando acompanhou a tropa brasileira à Itália. Morou em vários países e foi embaixador no Marrocos. É conhecido como um dos maiores cronistas da literatura brasileira. O autor faleceu no Rio de Janeiro, em 1990.

O padeiro

UM JORNALISTA NOSTÁLGICO E UM MODESTO PADEIRO. NO LIGEIRO ENCONTRO ENTRE OS DOIS, UMA LIÇÃO DE HUMILDADE.

ablução: ato de banhar o corpo ou parte dele, em geral, mãos e rosto.

Levanto cedo, faço minhas abluções, ponho a chaleira no fogo para fazer café e abro a porta do apartamento — mas não encontro o pão costumeiro. No mesmo instante me lembro de ter lido alguma coisa nos jornais da véspera sobre a "greve do pão dormido". De resto não é bem uma greve, é um *lock-out*, greve dos patrões, que suspenderam o trabalho noturno; acham que obrigando o povo a tomar seu café da manhã com pão dormido conseguirão não sei bem o que do governo.

Está bem. Tomo o meu café com pão dormido, que não é tão ruim assim. E enquanto tomo café vou me lembrando de um homem modesto que conheci antigamente. Quando vinha deixar o pão à porta do apartamento ele apertava a campainha, mas, para não incomodar os moradores, avisava gritando:

— Não é ninguém, é o padeiro!

Interroguei-o uma vez: como tivera a ideia de gritar aquilo?

"Então você não é ninguém?"

Ele abriu um sorriso largo. Explicou que aprendera aquilo de ouvido. Muitas vezes lhe acontecera bater a campainha de uma casa e ser atendido por uma empregada ou outra pessoa qualquer, e ouvir uma voz que vinha lá de dentro perguntando quem era; e ouvir a pessoa que o atendera dizer para dentro: "não é ninguém, não senhora, é o padeiro". Assim ficara sabendo que não era ninguém...

Ele me contou isso sem mágoa nenhuma, e se despediu ainda sorrindo. Eu não quis detê-lo para explicar que estava falando com um colega, ainda que menos importante. Naquele tempo eu também, como os padeiros, fazia o trabalho noturno. Era pela madrugada que deixava a redação do jornal, quase sempre depois de uma passagem pela oficina — e muitas vezes saía já levando na mão um dos primeiros exemplares rodados, o jornal ainda quentinho da máquina, como pão saído do forno.

Ah, eu era rapaz, eu era rapaz naquele tempo! E às vezes me julgava importante porque no jornal que levava para casa, além de reportagens ou notas que eu escrevera sem assinar, ia uma crônica ou artigo com o meu nome. O jornal e o pão estariam bem cedinho na porta de cada lar; e dentro do meu coração eu recebi a lição de humildade daquele homem entre todos útil e entre todos alegre; "não é ninguém, é o padeiro!"

E assobiava pelas escadas.

BRAGA, Rubem. In: *Crônicas* 1. 27. ed. São Paulo: Ática, 2003. p. 61-2. (Coleção Para Gostar de Ler).

Quente: de elevada temperatura, que transmite calor.

Quentinho: diz-se de produtos que acabaram de ser fabricados, por analogia ao pão que acabou de sair do forno.

ILUSTRAÇÕES: THEO/ARQUIVO DA EDITORA

Vamos entender o texto

1. **Assinale a alternativa mais adequada ao texto lido:**

☐ **A.** *O padeiro* é um texto bastante dinâmico, uma vez que o narrador-personagem narra inúmeros fatos que ocorreram em sua vida.

☐ **B.** Trata-se de uma narrativa mais estática, já que a principal atitude do narrador-personagem é refletir a respeito do padeiro que havia conhecido.

☐ **C.** O texto é basicamente descritivo, não se tratando de uma narrativa.

2. **Retire do texto uma passagem que comprove a escolha feita no exercício 1.**

____

____

3. Explique a expressão "greve do pão dormido", usada no texto.

4. O narrador, enquanto toma seu café da manhã, recorda-se de um antigo entregador de pães. A respeito disso, responda:

THEO/ARQUIVO DA EDITORA

A. Por que esse entregador dizia que não era ninguém quando batia à porta da casa das pessoas para deixar o pão?

B. Segundo o entregador, como ele teve a ideia de identificar-se assim às pessoas?

5. No sétimo parágrafo, o narrador compara-se ao padeiro.

A. O que há em comum entre a atividade de ambos?

B. Transcreva o trecho em que o narrador compara o resultado de sua atividade com o resultado da atividade do padeiro.

6. De acordo com o narrador, por que ele se sentia importante quando trabalhava no jornal durante sua juventude?

7. **Assinale a alternativa em que ocorre discurso indireto:**

- [ ] A. " — Não é ninguém, é o padeiro!"
- [ ] B. "Ele me contou isso sem mágoa nenhuma, e se despediu ainda sorrindo."
- [ ] C. "Explicou que aprendera aquilo de ouvido."
- [ ] D. "Ah, eu era rapaz, eu era rapaz naquele tempo!"

8. **Ao final da narrativa, o narrador revela o que aprendeu com o padeiro. Explique o que foi.**

____

Práticas de linguagem

1. **Veja o exemplo:**

— Nunca havia sido tratado daquela maneira — disse o padeiro. (discurso direto)

O padeiro disse que nunca havia sido tratado daquela maneira. (discurso indireto)

Transforme o discurso direto em indireto, prestando atenção no uso dos tempos verbais.

A. O homem avisava gritando:

— Não é ninguém, é o padeiro.

____

B. — Trabalhava de madrugada quando era jovem — afirmou o jornalista.

____

C. — Aprendi isso de ouvido — o padeiro explicou.

____

D. — Nossa reivindicação é justa! — bradou o grevista.

____

2. **Agora faça o contrário: transforme o discurso indireto em discurso direto, adaptando corretamente os verbos.**

A. O treinador ordenou aos jogadores que não recuassem.

____

____

B. O candidato afirmou que não participará do debate.

C. Rodrigo avisou que não viria na segunda-feira.

D. Os alto-falantes anunciavam com estardalhaço que a greve tinha acabado.

Vamos relacionar os textos

Nesta unidade, você leu dois textos construídos de maneiras distintas: no primeiro, havia ação e humor, já no segundo predominaram a reflexão e a lembrança.

1. Qual dos dois tipos de texto mais o agradou? Por quê?

2. Na sua opinião, que tipos de história são mais adequados às narrativas dinâmicas e quais são mais adequados às narrativas estáticas?

ILUSTRAÇÕES: THEO/ ARQUIVO DA EDITORA

Conexão com Gastronomia

O pão na antiguidade greco-latina

Você leu uma crônica que fala sobre um humilde padeiro. A história do pão para a humanidade vem de longa data e mostra que esse é um alimento mais importante do que se pensa, como nos conta a lenda a seguir.

Segundo um mito grego, Ânio, um filho de Apolo, teve três filhas com Doripe, uma mortal. As filhas de Ânio tinham o dom de fazer jorrar do chão óleo, trigo e vinho. Isso simbolizava para os gregos antigos os alimentos essenciais que a natureza poderia lhes oferecer. Para aquela sociedade, "comedores de pão" era sinônimo de "homem", e só o consumo de cereais e vinho diferenciava o ser humano dos outros animais.

O pão primitivo, uma mistura de cereais cozidos em forma de papa, era o alimento nacional. Os médicos gregos e latinos viam no pão o alimento perfeito, segundo princípios de Hipócrates, o pai da medicina.

Já a carne era associada à prática de sacrifícios em oferendas aos deuses, e consumida apenas em ocasiões especiais. O boi, raro na região, era utilizado como animal de carga e considerado um companheiro de trabalho do homem na lavoura. Era proibido o seu sacrifício para fins de consumo.

Os carneiros eram criados principalmente pela sua lã e leite, e o queijo era mais importante na alimentação mediterrânea do que a carne. Os cereais eram servidos principalmente com queijos, peixes e outros frutos do mar. Mas sempre acompanhados do pão, é claro.

THEO/ARQUIVO DA EDITORA

Vamos pesquisar

Reúna-se com seu grupo e escolham um profissional a ser entrevistado por vocês. O objetivo é conhecer um pouco do cotidiano dele, mostrando aspectos como:

- opinião que tem a respeito do seu próprio trabalho;
- quando e como começou a trabalhar nessa profissão;
- como se preparou para esse trabalho;
- se ele se sente recompensado pelo trabalho;
- se gostaria de mudar de profissão.

O grupo deverá elaborar as perguntas e fazer a entrevista. Se possível, fotografem o momento da conversa. Em seguida, façam um mural na classe para apresentar os resultados das entrevistas e as fotos.

Vamos escrever

Com base nas respostas dadas pelo entrevistado, o grupo deverá produzir um texto, apresentando-o à classe. Lembrem-se de que o texto deverá:

- discorrer sobre a profissão pesquisada;
- ter uma linguagem clara e formal;
- ser fiel às ideias do entrevistado.

Escrevam a redação no caderno ou em uma folha avulsa e entreguem-na ao professor quando ele pedir.

Ortografia
Uso de G e J

USA-SE O *G*:

- Geralmente depois da letra *r*:
  aspergir, divergir, submergir
  Exceções: alforje, sarjeta e os derivados de gorja
- Em palavras com as terminações *-agem*, *-igem* e *-ugem*:
  coragem, vertigem, ferrugem
  Exceções: pajem, lambujem, viajem (verbo *viajar*)
- Em palavras derivadas de outras grafadas com *g*:
  massagista, engessar, faringite, selvageria

USA-SE O *J*:

- Em palavras derivadas, cujas primitivas são grafadas com *j*:
  gorjeio, cerejeira, nojento, lojista, granjear, sarjeta, ajeitar
- Em palavras com as seguintes terminações:
  -eto – trajeto
  -etar – projetar
  -eição – interjeição
  -eção – injeção
  -eito – trejeito
  -etura – conjetura
- Em palavras de origem árabe, africana ou tupi:
  jequitibá, jaca, alfanje, alforje, canjica, jegue, jiboia, cafajeste, jenipapo, jiló
- Em conjugações de verbos terminados em *-jar* ou *-jear*:
  arranjar, esbanjar, gorjear, sujar, viajar

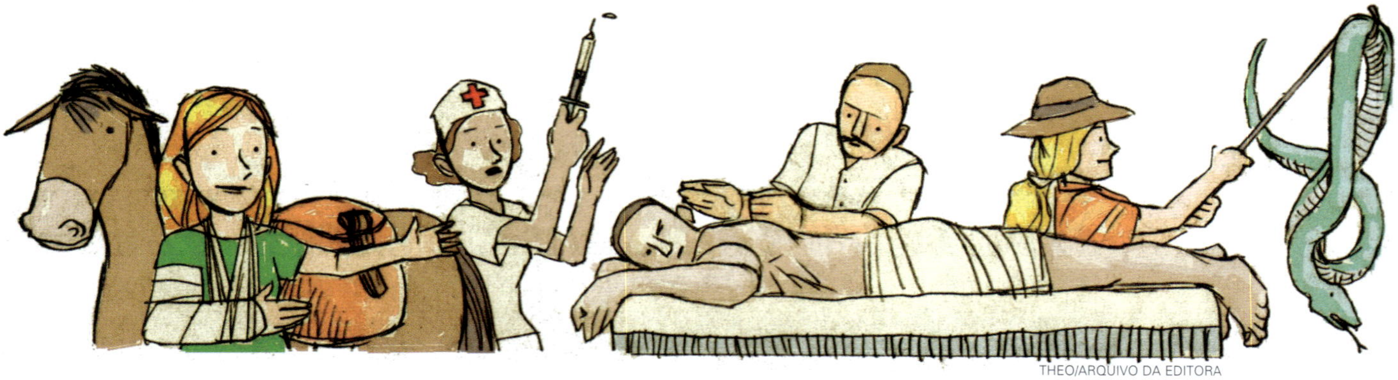

THEO/ARQUIVO DA EDITORA

1. **Escreva um derivado para cada palavra abaixo:**

A. massagem: ______________________

B. selvagem: ______________________

C. jeito: ______________________

D. lisonja: ______________________

E. cereja: ______________________

F. nojo: ______________________

2. **Complete com *g* ou *j*:**

A. A festa exi ____ ia tra ____ e a rigor.

B. A laran ____ eira estava com um galho desa ____ eitado.

C. Com um ____ esto, o garoto mostrou a cere ____ eira no quintal.

D. Seus músculos enri ____ eciam de medo de tomar in ____ eção.

E. O colé ____ io abandonado servia de refú ____ io a muitos cafa ____ estes.

F. Mamãe fez berin ____ ela no almoço e serviu sorvete de laran ____ a de sobremesa.

G. A ri ____ idez nos modos daquele lo ____ ista espantou-me.

H. Os sar ____ entos fizeram uma rápida via ____ em no feriado.

I. O pa ____ em era rabu ____ ento.

J. O mon ____ e limpou a su ____ eira do quintal.

K. Senti verti ____ em durante a via ____ em.

L. A ____ iboia é uma cobra ma ____ estosa.

THEO/ARQUIVO DA EDITORA

Ampliando horizontes

O tio pródigo

Um rico empresário está em sua mansão vendo TV com a família quando o criado vem anunciar: há um moço à porta querendo falar com ele.

— Diz que é seu sobrinho.

O homem levanta-se e vai até lá, à porta está um rapaz de uns dezessete anos, modestamente vestido, barbudo e com uma expressão ansiosa no rosto. Como vai, tio, ele diz; o homem vacila; quem é você, pergunta. Sou seu sobrinho Mílton, diz o rapaz.

— Mílton? Aquele garotinho?

— Eu mesmo, tio. O tempo passou.

O homem abre os braços:

— Venha de lá um abraço, Mílton!

Abraça-o demoradamente. Fá-lo entrar, leva-o até onde está a família, apresenta-o: este é o filho do meu irmão João, que eu não via desde pequeno. Todos levantam-se e vêm cumprimentar o recém-chegado; Aline, a filha mais velha (dezoito anos), sorri, tímida. Depois dos cumprimentos, o homem faz com que o rapaz se sente a seu lado, no grande sofá, pergunta se ele já jantou; quando o rapaz diz que não está com fome, insiste para que tome algo, um uísque, um refrigerante; o rapaz aceita um pouco de suco, e, enquanto o criado vai providenciar, o homem volta-se para ele, os olhos brilhando:

— Vamos lá, agora me fala de teus pais. Faz anos que não os vejo.

Uma sombra de tristeza tolda o rosto do rapaz: voz embargada, conta que o pai morreu e que a mãe está num asilo de alienados. Não sabia, diz o homem, consternado. Diz que gostava muito do irmão, recorda cenas da infância de ambos, num sítio cheio de árvores frutíferas. A conversa se prolonga; notando que o rapaz dá sinais de cansaço, o homem pergunta onde ele está morando; em lugar nenhum, é a resposta; acabou de chegar à cidade, o jovem, não arranjou ainda alojamento. O homem insiste em hospedá-lo. O rapaz, aparentemente com alguma relutância, aceita. O criado é chamado e leva-o ao quarto dos hóspedes.

Os dias se passam e o rapaz vai ficando. Para encanto da família, aliás; a esposa do empresário gosta de conversar com ele; o filho de oito anos descobriu um companheiro de folguedos; e Aline, bem, Aline está claramente apaixonada. Os pais notam e, à mesa, se olham, sorrindo.

O empresário oferece-lhe um emprego em sua firma. O rapaz aceita. Daí por diante saem juntos pela manhã; o jovem agora veste-se decentemente. Na gerência dos negócios revela-se dinâmico, empreende-

THEO/ARQUIVO DA EDITORA

THEO/ARQUIVO DA EDITORA

dor, inteligente; os assessores do empresário estão encantados com ele. Prevê-se que, após o noivado com Aline, o rapaz será empossado oficialmente no cargo de diretor-executivo.

Uma noite ele pede para falar com o futuro sogro. Tem algo reservado a lhe falar. Retiram-se para a biblioteca; tão logo o empresário fecha a porta, o rapaz, num impulso, ajoelha-se e beija-lhe as mãos. Que é isso, diz o homem, surpreso e comovido, mas o jovem, em prantos, não consegue sequer lhe responder. Por fim acalma-se; e diz então que está grato, muito grato, mas não pelas razões que o empresário imagina; por outras, bem diferentes. Conta, então, que, deixando o colégio, vagabundeou muito tempo pelo país, dormindo em barracas e em casas abandonadas, até que se juntou a um bando de marginais. Juntos, conceberam o plano de sequestrar o empresário, pedindo por ele um grande resgate. Encarregado dessa missão, ele estava, a princípio, firmemente determinado a cumpri-la. Não pelo dinheiro; também pelo dinheiro; mas principalmente porque acreditava estar fazendo justiça. Estudou cuidadosamente todos os detalhes da operação...

Mas o carinho com que foi recebido, o clima que encontrou na casa, de genuíno amor familiar; e mais, o dinamismo, a inteligência, a bondade do empresário (a contrastar com a errônea ideia que fazia dos homens de negócios), tudo isso fez com que mudasse de ideia. Renunciando à violência, ele agora quer esquecer o passado e começar vida nova. Percebi, diz, que vivia num mundo de fantasias exaltadas, num mundo de ilusões perigosas; menos mal que recuei a tempo, não me tornando um criminoso. Tudo o que quero agora é construir um lar cheio de amor e de conforto para minha esposa e meus filhos. Esse bom propósito devo-o ao senhor. A lição de vida que aqui recebi não poderei esquecer, e por ela lhe serei grato para todo o sempre.

O empresário ouve em silêncio. Mas você é mesmo meu sobrinho? pergunta, por fim. O rapaz hesita, hesita muito, antes de dizer que a história foi toda forjada. Ele conheceu o verdadeiro sobrinho do empresário; desse rapaz, falecido num acidente, obteve todas as informações de que precisava para se apresentar como falso sobrinho.

O homem então se levanta, diz que precisa fazer algo, pede que o rapaz aguarde na biblioteca. Sai. Dez minutos depois volta, acompanhado de dois guardas de sua segurança pessoal. Prendam este homem, diz, seco. O rapaz olha-o, incrédulo; horrorizado mesmo; lentamente, porém, seu rosto se abre num sorriso. Obrigado, titio, diz, por fim. Torna a beijar as mãos do homem e sai, escoltado pelos guardas.

SCLIAR, Moacyr. *Contos reunidos*. São Paulo: Companhia das Letras, 1995. p. 30-2.

1. Você acha que o rapaz deveria ter mesmo contado a verdade? Por quê?

2. E o empresário, agiu racional ou emocionalmente? Por quê?

3. Qual a mensagem que o texto procura nos transmitir?

Vamos escrever

Agora, você vai escolher se prefere escrever um conto ou uma crônica. Para facilitar a escolha do assunto, procure uma notícia de jornal em que tenha todos os componentes de uma narrativa.

Se você for escrever um conto, relacione todos os itens (personagens, ações, espaço, tempo, clímax e desfecho).

Se for escrever uma crônica, parecida com a que você leu, lembre-se de um fato que lhe chamou a atenção e monte a crônica a partir daí. Depois:

- elabore os parágrafos de acordo com as ações das personagens;
- dê nomes fictícios para elas;
- selecione termos e expressões para enriquecer e aumentar a expressividade da trama;
- dê um final de acordo com o estilo próprio.

Autoavaliação e reescrita

Agora faça uma leitura crítica do texto que você produziu. Troque sua produção com a do seu colega e responda às questões:

sim	não	
☐	☐	O texto contém todos os componentes da trama?
☐	☐	Há uma unidade dramática?
☐	☐	A linguagem está de acordo com o gênero escolhido?
☐	☐	Foram utilizados termos ou expressões para criar um cenário propício à narrativa?

Unidade 3

O FOCO NARRATIVO

- **FOCO:** o ponto de vista do narrador e os efeitos na estrutura da narrativa.
- **GÊNEROS:** crônica e mito.
- **PRÁTICAS DE LINGUAGEM:** pronome relativo; oração comparativa; sujeito; verbo pronominal; discursos direto e indireto.

VAMOS LER 1

Clarice Lispector nasceu na Ucrânia, país do Leste europeu, em 1921. Veio com a família para o Brasil ainda criança. Morou durante vários anos no Recife, mudando-se depois para o Rio de Janeiro. Trabalhou como professora de português e redatora de jornais, nos quais publicou alguns contos. Em 1944 publicou seu primeiro romance, *Perto do coração selvagem*, que impressionou a crítica da época pela extrema sensibilidade com que construía a trama e descrevia as personagens e seus conflitos. Suas obras foram traduzidas para vários idiomas e são objeto de estudos de pesquisadores brasileiros e estrangeiros. A escritora faleceu em 1977.

ANDREA EBERT/ARQUIVO DA EDITORA

Cem anos de *perdão*

NO TEXTO A SEGUIR A NARRADORA NOS FAZ ALGUMAS CONFISSÕES DE PEQUENOS DELITOS COMETIDOS DURANTE A INFÂNCIA. PRESTE ATENÇÃO À NARRAÇÃO EM 1ª PESSOA.

Quem nunca roubou não vai me entender. E quem nunca roubou rosas, então, é que jamais poderá me entender. Eu, em pequena, roubava rosas.

ladeado: contornado.

Havia em Recife inúmeras ruas, as ruas dos ricos, ladeadas por palacetes que ficavam no centro de grandes jardins. Eu e uma amiguinha brincávamos muito de decidir a quem pertenciam os palacetes. "Aquele branco é meu." "Não, eu já disse que os brancos são meus." "Mas esse não é totalmente branco, tem janelas verdes." Parávamos às vezes longo tempo, a cara imprensada nas grades, olhando.

Começou assim. Numa das brincadeiras de "essa casa é minha", paramos diante de uma que parecia um pequeno castelo. No fundo, via-se o imenso pomar. E, à frente, em canteiros bem ajardinados, estavam plantadas as flores.

Bem, mas isolada no seu canteiro, estava uma rosa apenas entreaberta cor-de-rosa-vivo. Fiquei feito boba, olhando com admiração aquela rosa altaneira que nem mulher feita ainda não era. E então aconteceu: do fundo de meu coração, eu queria aquela rosa para mim. Eu queria, ah como eu queria. E não havia jeito de obtê-la. Se o jardineiro estivesse por ali, pediria a rosa, mesmo sabendo que ele nos expulsaria como se expulsam moleques. Não havia jardineiro à vista, ninguém. E as janelas, por causa do

ANDREA EBERT/ARQUIVO DA EDITORA

sol, estavam de venezianas fechadas. Era uma rua onde não passavam bondes e raro era o carro que aparecia. No meio do meu silêncio e do silêncio da rosa, havia o meu desejo de possuí-la como coisa só minha. Eu queria poder pegar nela. Queria cheirá-la até sentir a vista escura de tanta tonteira de perfume.

Então não pude mais. O plano se formou em mim instantaneamente, cheio de paixão. Mas, como boa realizadora que eu era, raciocinei friamente com minha amiguinha, explicando-lhe qual seria o seu papel: vigiar as janelas da casa ou a aproximação ainda possível do jardineiro, vigiar os transeuntes raros na rua. Enquanto isso, entreabri lentamente o portão de grades um pouco enferrujadas, contando já com o leve rangido. Entreabri somente o bastante para que meu esguio corpo de menina pudesse passar. E, pé ante pé, mas veloz, andava pelos pedregulhos que rodeavam os canteiros. Até chegar à rosa foi um século de coração batendo.

bonde: antigo veículo de transporte coletivo movido a energia elétrica que rodava sobre trilhos.

Eis-me afinal diante dela. Paro um instante, perigosamente, porque de perto ela ainda é mais linda. Finalmente começo a lhe quebrar o talo, arranhando-me com os espinhos, e chupando o sangue dos dedos.

E, de repente, ei-la toda na minha mão. A corrida de volta ao portão tinha também de ser sem barulho. Pelo portão que deixara entreaberto, passei segurando a rosa. E então nós duas pálidas, eu e a rosa, corremos literalmente para longe da casa.

O que é que fazia eu com a rosa? Fazia isso: ela era minha.

Levei-a para casa, coloquei-a num copo d'água, onde ficou soberana, de pétalas grossas e aveludadas, com vários entretons de rosa-chá. No centro dela a cor se concentrava mais e seu coração quase parecia vermelho.

Foi tão bom.

Foi tão bom que simplesmente passei a roubar rosas. O processo era sempre o mesmo: a menina vigiando, eu entrando, eu quebrando o talo e fugindo com a rosa na mão. Sempre com o coração batendo e sempre com aquela glória que ninguém me tirava.

Também roubava pitangas. Havia uma igreja presbiteriana perto de casa, rodeada por uma sebe verde, alta e tão densa que impossibilitava a visão da igreja. Nunca cheguei a vê-la, além de uma ponta de telhado. A sebe era de pitangueira. Mas pitangas são frutas que se escondem: eu não via nenhuma. Então, olhando antes para os lados para ver se ninguém vinha, eu metia a mão por entre as grades, mergulhava-a dentro da sebe e começava a apalpar até meus dedos sentirem o úmido da frutinha. Muitas vezes, na minha pressa, eu esmagava uma pitanga madura demais com os dedos que ficavam como ensanguentados. Colhia várias que ia comendo ali mesmo, umas até verdes demais, que eu jogava fora.

Nunca ninguém soube. Não me arrependo: ladrão de rosas e de pitangas tem cem anos de perdão. As pitangas, por exemplo, são elas mesmas que pedem para ser colhidas, em vez de amadurecer e morrer no galho, virgens.

LISPECTOR, Clarice. In: *Contos brasileiros 2*. São Paulo: Ática, 2004. p. 11-3. (Coleção Para Gostar de Ler).

Igreja: originou-se da palavra grega *ekklesía*, pelo latim *ecclesia*.

Os comerciantes passaram a instalar seus estabelecimentos nas proximidades das igrejas para aproveitar o grande movimento de pessoas. Os fregueses da igreja faziam compras nesses estabelecimentos, e com o tempo a palavra *freguês* passou a significar "cliente".

ILUSTRAÇÕES: ANDREA EBERT/ARQUIVO DA EDITORA

Freguês: originou-se da expressão latina *fili ecclesiae*, "filho da igreja". Fregueses eram, naqueles tempos, os devotos que frequentavam determinada igreja e davam contribuições para sustentar as missas e os sacerdotes.

Antes de fazer as atividades propostas a seguir, leia o quadro abaixo.

Foco narrativo ou ponto de vista

Nos textos narrativos, o autor conta os fatos por meio da voz do narrador. É este quem apresenta os fatos. O narrador pode adotar basicamente dois pontos de vista e contar a história em primeira ou terceira pessoa. Na narração em primeira pessoa, o narrador-personagem participa, como protagonista ou como testemunha, dos acontecimentos que narra. Na narração em terceira pessoa, tipo mais comum de narração, o narrador não participa dos fatos que narra, apenas conta o que acontece às personagens.

Vamos **entender** o texto

1. Leia os parágrafos:

Quem nunca roubou não vai me entender. E quem nunca roubou rosas, então, é que jamais poderá me entender. Eu, em pequena, roubava rosas.

[...] Fiquei feito boba, olhando com admiração aquela rosa altaneira que nem mulher feita ainda não era. [...]

Embora o narrador esteja em primeira pessoa, o ponto de vista é o mesmo em ambos os parágrafos? Comente sua resposta.

2. Como é feita a mudança de ponto de vista? Que efeito essa mudança provoca no texto?

3. Em quais parágrafos fica mais expressiva a passagem ou mudança do ponto de vista da personagem adulta para a personagem menina?

4. Qual é o recurso usado pelo narrador para fazer essa mudança de ponto de vista?

5. Antes de responder à questão, leia o quadro:

> **PRETÉRITO IMPERFEITO** exprime uma ação habitual, repetida no passado. Exprime, também, um processo gradual que se desenvolve no passado. Em termos literários, usa-se o **imperfeito** para "transportar" o leitor a uma época passada em que pode "assistir ao vivo" ao acontecimento narrado.

No segundo parágrafo, o narrador utiliza verbos do pretérito imperfeito: *havia, ficavam, brincávamos, pertenciam, parávamos.* Depois, no terceiro parágrafo, descreve a cena utilizando o verbo no pretérito perfeito: *paramos.* Comente o efeito que essa mudança de tempo verbal causa no texto.

6. Observe a ação da menina desde o momento em que ela vê a rosa, no parágrafo 4, e o fim de seu percurso, no parágrafo 9. Observe a gradação dos tempos verbais no desenrolar das ações da personagem. Como o narrador procede para caracterizar a cena ao leitor? Que efeito essa gradação produz na construção da narrativa?

ANDREA EBERT/ARQUIVO DA EDITORA

7. Como já observado, o narrador inicia a narrativa no pretérito imperfeito para situar o leitor. Cite exemplos de verbos no pretérito imperfeito do segundo parágrafo.

8. É a partir do terceiro parágrafo que o ponto de vista começa a sofrer mudança, passando para a perspectiva da menina. Qual é o tempo verbal utilizado? Cite exemplos do terceiro, quarto e quinto parágrafos para ilustrar sua resposta. Que efeito esse recurso causa na narrativa?

9. Em qual momento a narrativa ganha maior expressividade?

10. Antes de responder à questão, leia as informações do quadro sobre duas figuras de linguagem:

> A **comparação** é feita pela aproximação de dois termos que se assemelham. A **personificação** consiste em atribuir a seres inanimados sentimentos ou características próprias dos humanos.

Retire do texto uma comparação e duas personificações relativas à rosa.

Práticas de linguagem

1. Pronomes relativos são palavras que representam nomes já referidos, com os quais estão relacionados. Indique os nomes a que se referem os pronomes relativos destacados. Consulte o texto se necessário:

A. "**Quem** nunca roubou não vai me entender."

B. "[...] **quem** nunca roubou rosas, então, é **que** jamais poderá me entender."

C. "[...] ladeadas por palacetes **que** ficavam no centro de grandes jardins."

D. "Eu e uma amiguinha brincávamos muito de decidir a **quem** pertenciam os palacetes."

E. "[...] paramos diante de uma **que** parecia um pequeno castelo."

F. "Era uma rua **onde** não passavam bondes e raro era o carro que aparecia."

G. "Colhia várias **que** ia comendo ali mesmo, umas até verdes demais, **que** eu jogava fora."

H. "As pitangas, por exemplo, são elas mesmas **que** pedem para ser colhidas [...]."

2. **Complete o quadro com as orações comparativas de cada sentença. Em seguida, destaque o termo comparado e o comparante.**

A. "Fiquei feito boba, olhando com admiração aquela rosa altaneira [...]."

comparação	termo comparado	termo comparante

B. "[...] aquela rosa altaneira que nem mulher feita ainda não era."

comparação	termo comparado	termo comparante

C. "[...] mesmo sabendo que ele nos expulsaria como se expulsam moleques."

comparação	termo comparado	termo comparante

D. "[...] havia o meu desejo de possuí-la como coisa só minha."

comparação	termo comparado	termo comparante

E. "Mas, como boa realizadora que eu era, raciocinei friamente com minha amiguinha [...]."

comparação	termo comparado	termo comparante

F. "Muitas vezes, na minha pressa, eu esmagava uma pitanga madura demais com os dedos que ficavam como ensanguentados."

comparação	termo comparado	termo comparante

3. Indique o sujeito dos verbos destacados a seguir:

A. "Havia em Recife inúmeras ruas, as ruas dos ricos, ladeadas por palacetes que **ficavam** no centro de grandes jardins."

B. "Começou assim. Numas das brincadeiras de 'essa casa é minha', paramos diante de uma que **parecia** um pequeno castelo."

C. "Se o jardineiro estivesse por ali, pediria a rosa, mesmo sabendo que ele nos expulsaria como se **expulsam** moleques."

D. "Era uma rua onde não **passavam** bondes [...]."

E. "[...] raciocinei friamente com minha amiguinha, explicando-lhe qual **seria** o seu papel [...]."

Conexão com Transporte

No tempo dos bondes

Bondes são antigos veículos a energia elétrica que se moviam em trilhos. Implantados no país em meados do século XIX, a maioria dos bondes em circulação encerrou suas atividades por volta dos anos 1960. Em algumas cidades, podem-se encontrar vagões turísticos, em geral anexos a museus ferroviários ou históricos. A exceção está no Rio de Janeiro, onde até hoje circulam bondes em bairros como Santa Teresa e Lapa. Como se estivesse voltando no tempo, o passageiro senta-se em bancos de madeira e sobe as ruas cheias de curvas do morro.

A palavra bonde tem origem no inglês *bond*, uma espécie de título financeiro. Para facilitar o troco, a empresa que gerenciava o serviço desse transporte entregava ao passageiro um bilhete, que ele trocava depois nos escritórios da companhia por dinheiro. Daí se associou essa palavra ao próprio veículo, que passou a se chamar *bond*, passando depois para a forma aportuguesada *bonde*.

PATRICIA SANTOS/FOLHAPRESS

Bonde do bairro de Santa Teresa, no Rio de Janeiro.

Vamos conversar

Entrevistando um adulto

Você leu no texto 1 a narrativa de uma escritora que relembra um episódio de sua infância que a marcou.

Escolha um adulto que você conhece e entreviste-o a respeito de algum fato marcante da infância dele. Pode ser:

- uma festa;
- um jogo de futebol;
- uma viagem;
- uma visita inesperada; etc.

O importante é que seja algo que ele jamais tenha esquecido.

A seguir, há algumas sugestões de perguntas. Acrescente outras se julgar necessário.

Se preferir, registre a entrevista no caderno ou em uma folha avulsa.

1. Nome.

____

2. Idade e profissão.

____

3. Que fato o marcou durante sua infância/adolescência? Por quê?

____

____

4. Esse fato tem alguma influência na sua vida atual? Explique.

____

____

Recordando experiências pessoais

Agora é a sua vez de pensar sobre um fato que o tenha marcado. Se necessário, faça a atividade no caderno ou em uma folha avulsa.

1. Que fato você considera inesquecível em sua vida? Por quê?

____

____

2. Você consegue lembrar-se dos detalhes desse fato ou ele é apenas uma lembrança remota? Se consegue lembrar-se, descreva-o.

Fazendo uma síntese das entrevistas

Reúna-se com seus colegas de grupo. Cada um deverá apresentar uma síntese da entrevista feita com os adultos. Verifique:

- A que conclusão vocês chegaram sobre o fato marcante da vida de cada entrevistado?
- Os fatos são semelhantes?
- Os adultos conseguiram se lembrar com detalhes desses fatos?
- Vocês acham que o tempo é capaz de nos fazer esquecer de fatos importantes de nossa vida? Por quê?

Em seguida, cada aluno apresenta o seu depoimento sobre o fato que julga inesquecível em sua vida e todos conversam sobre o depoimento dos colegas.

Vamos escrever com esquema

Tendo por base o esquema proposto a seguir, escreva um texto mostrando qual o acontecimento marcante da vida de seu entrevistado e como esse acontecimento influencia a vida dele atualmente.

- 1º parágrafo: apresente o entrevistado e mostre qual é o fato marcante da vida dele.
- 2º parágrafo: mostre por que ele considera esse fato importante.
- 3º parágrafo: indique as influências desse fato na vida atual do entrevistado.

Vamos **escrever**

Produza um texto narrativo com base nas instruções a seguir:

- Use narrador em 1ª pessoa.
- O narrador-personagem deverá contar um acontecimento inesquecível da vida dele.
- Apresente os detalhes desse acontecimento, mostrando os obstáculos e os aliados encontrados pelo narrador.
- No final, o narrador-personagem poderá atingir ou não o seu objetivo.
- Não se esqueça de criar um título para o texto.

Escreva a redação no caderno ou em uma folha avulsa e entregue-a ao professor quando ele pedir.

ANDREA EBERT/ARQUIVO DA EDITORA

ANDREA EBERT/
ARQUIVO DA EDITORA

VAMOS LER 2

William J. Bennett, autor norte-americano, foi ministro da Educação e diretor do Departamento Nacional de Controle de Drogas, além de editor. É considerado uma das pessoas mais influentes nos Estados Unidos, como divulgador de valores tradicionais. Escreveu *O livro das virtudes*, um *best-seller* dos anos 1980. Em *O livro das virtudes II*, os temas são a educação, a ética, a solidariedade, o exercício da cidadania, guiados por um caminho espiritual. *O livro das virtudes para crianças* segue a mesma linha editorial dos anteriores. No Brasil, o autor já vendeu mais de 200 mil livros.

Ícaro e *Dédalo*

A BUSCA DE UM OBJETIVO REQUER PERSISTÊNCIA E VIGÍLIA CONSTANTES. O TEXTO A SEGUIR VAI MOSTRAR UMA PERSONAGEM QUE TENTARÁ SUPERAR UM GRANDE OBSTÁCULO.

Dédalo foi o construtor e inventor mais habilidoso de sua época, na Grécia antiga. Construiu palácios e jardins magníficos e criou obras de arte maravilhosas em todos os lugares.

Acontece que na ilha de Creta, a pouca distância do litoral grego, havia um rei chamado Minos. O rei Minos possuía um monstro terrível que era metade touro e metade homem chamado Minotauro, e o monarca precisava de um lugar onde pudesse manter presa a criatura. Quando ouviu falar de Dédalo e suas habilidades, convidou-o a visitar seu país a fim de construir uma prisão para a fera. Dédalo, então, junto com seu filho Ícaro, dirigiu-se para Creta, onde construiu o famoso Labirinto, intrincada construção de caminhos sinuosos de tal forma emaranhados que, uma vez em seu interior, ninguém conseguia encontrar a saída. E lá foi colocado o Minotauro.

Concluído o Labirinto, Dédalo quis retornar à Grécia com o filho, mas Minos já estava decidido a mantê-los em Creta. Queria Dédalo em seu país para que este lhe construísse inventos maravilhosos e mandou prender os dois no alto de uma torre defronte ao mar. O rei sabia que Dédalo era suficientemente esperto para conseguir fugir e mandou vistoriar todos os navios a fim de evitar que passageiros clandestinos abandonassem a ilha.

Outros teriam desistido, mas Dédalo não. Do alto da torre, passou a observar as gaivotas voando ao sabor da brisa. "Minos pode ter o controle da terra e do mar, mas não manda no ar. Será este o nosso caminho."

adejar: mover as asas para manter-se em equilíbrio no ar; esvoaçar.
pairar: flutuar.
corrente: massa de ar em movimento; vento.
enfunar: encher, inflar, inchar.

E pôs-se a trabalhar, colocando em prática todos os segredos de seu ofício. Pouco a pouco, reuniu um monte de penas de todos os tamanhos. Utilizando uma linha, juntou todas e modelou-as com cera; e conseguiu, afinal, fazer duas asas grandes, como as das gaivotas. Prendeu-as aos ombros e, depois de uma ou duas tentativas malfadadas, descobriu que, adejando como os pássaros, conseguia alçar voo. Manteve-se no ar assim, flutuando ao sabor do vento, até que aprendeu a deslizar com as correntes, elevando-se graciosamente como uma gaivota.

Construiu depois um outro par de asas para Ícaro. Ensinou o menino a mexer as penas e a ficar pairando no ar, e depois deixou-o dar alguns voos de um lado para o outro do aposento. A seguir, ensinou-o a aproveitar as correntes, subindo em círculos e flutuando com o vento. Praticaram juntos até que Ícaro estivesse preparado.

Finalmente, chegou um dia em que os ventos estavam bem apropriados. Pai e filho amarraram as asas e prepararam-se para voar de volta para casa. Dédalo então disse:

— Não se esqueça de tudo que lhe falei. Lembre-se, principalmente, de não voar muito alto, nem baixo demais. Se baixar muito, os respingos do mar molharão suas asas, deixando-as pesadas. Se subir muito, o calor do sol derreterá a cera, estragando suas asas. Fique perto de mim e dará tudo certo.

Partiram, então, o menino seguindo o pai; e a detestável terra de Creta foi ficando para trás, muito abaixo deles. A princípio, o voo foi terrível para Dédalo e Ícaro. O céu infinito, com toda a sua magnitude, dava-lhes vertigem, e mesmo uma rápida olhadela para baixo os estonteava. Mas foram gradativamente se adaptando a passar pelas nuvens até que perderam o medo. Ícaro sentia o vento enfunar-lhe as asas, levando-o cada vez mais para cima, e começou a sentir uma liberdade que nunca experimentara. Olhava para baixo com grande empolgação; via as ilhas passando, seus habitantes, e aquele mar grandioso a espalhar-se em todas as direções, pontilhado pelas velas brancas das embarcações. Subia cada vez mais, esquecendo-se dos conselhos do pai. Esqueceu-se de tudo que havia no mundo, menos da alegria.

— Volte! — gritou-lhe o pai, freneticamente. — Você está subindo muito! Lembre-se do sol! Desça! Desça!

Mas Ícaro não pensava em nada além do próprio deslumbramento e felicidade. Almejava chegar o mais próximo do céu que conseguisse. Foi aproximando-se cada vez mais do sol e as asas começaram a amolecer. Uma a uma, as penas foram se soltando e caindo, até que a cera acabou se derretendo toda de imediato. Ícaro sentiu-se despencando no ar. Agitou os braços o mais rápido que pôde, porém já não havia mais penas para dar-lhe sustentação. Pediu socorro ao pai, mas foi tarde demais: soltou um grito e despencou das alturas, indo cair no mar e desaparecendo sob as vagas.

Dédalo ficou voando em círculos pouco acima do nível da água, mas só conseguia ver as penas boiando, e percebeu que o filho se fora. Depois de algum tempo, o corpo voltou à superfície, e ele conseguiu içá-lo. Carregando pesado fardo e um coração despedaçado, Dédalo prosseguiu seu voo. Ao chegar à terra firme, enterrou o filho e construiu um templo aos deuses. Pendurou, então, as asas e jamais tornou a voar.

BENNETT, William J. *O livro das virtudes*. Rio de Janeiro: Nova Fronteira, 1995. p. 155-7

Boiar:
flutuar sobre a água com ou sem auxílio de boia.

Boiar:
como gíria, significa "não entender", "ficar na mesma".

ILUSTRAÇÕES: ANDREA EBERT/ARQUIVO DA EDITORA

Vamos **entender** o texto

1. Por que o rei de Creta levou Dédalo para a ilha de Creta?

2. Após realizar sua tarefa em Creta, qual passou a ser o grande desejo de Dédalo?

3. Dédalo foi impedido de partir de Creta por ordem do rei Minos. Complete o quadro com informações baseadas na atitude de Minos.

MOTIVO QUE LEVOU O REI A NÃO PERMITIR QUE DÉDALO PARTISSE	FORMA COMO O REI AGIU PARA ATINGIR SEU OBJETIVO

4. A fim de retornar ao seu lar, Dédalo passa a agir. A maneira como ele age revela algumas características de sua personalidade.

Escolha, entre as palavras abaixo, a característica mais adequada para cada atitude de Dédalo.

persistente | atento | habilidoso | decidido | dedicado

A. "Minos pode ter o controle da terra e do mar, mas não manda no ar. Será este o nosso caminho."

- característica: ______

B. "Do alto da torre, passou a observar as gaivotas voando ao sabor da brisa."

- característica: ______

C. "E pôs-se a trabalhar, colocando em prática todos os segredos de seu ofício."

- característica: ______

D. "Praticaram juntos até que Ícaro estivesse preparado."

- característica: ______

E. "Outros teriam desistido, mas Dédalo não."

- característica: ______

ANDREA EBERT/ARQUIVO DA EDITORA

5. Ao explicar o plano de fuga a Ícaro, Dédalo falou-lhe sobre cuidados fundamentais para que não enfrentassem problemas sérios.

Que cuidados eram esses? Por que deveriam ser tomados?

6. Logo no início da viagem, surgiram pequenos problemas.

A. Que problemas foram esses?

B. Como foram superados?

7. **Ícaro, durante a viagem, empolga-se e passa a ter um grande desejo.**

A. Que desejo é esse?

B. Pode-se dizer que esse desejo de Ícaro transformou-se em um obstáculo? Justifique sua resposta.

8. **Escreva um pequeno texto comentando a atitude de Ícaro.**

ANDREA EBERT/ ARQUIVO DA EDITORA

Práticas de linguagem

1. **Observe a alteração feita na oração e proceda da mesma forma com as orações seguintes:**

Ícaro ficava emocionado quando pairava no ar.

Ícaro emocionava-se quando pairava no ar.

A. Minos ficou entusiasmado com as invenções.

B. Quanto mais o tempo passava, mais Dédalo ficava empolgado com o invento.

C. Os soldados ficaram cansados durante a batalha.

D. A laranjeira ficou coberta de flores já no início da primavera.

E. Os olhos do pai ficaram cheios de lágrimas.

ANDREA EBERT/ARQUIVO DA EDITORA

2. Leia o modelo.

Dédalo disse a Ícaro:
— Tome cuidado!

Dédalo disse a Ícaro que tomasse cuidado.

Na primeira frase, foi usado o discurso direto, e na segunda, o discurso indireto.

Proceda da mesma forma nas frases a seguir, efetuando as mudanças necessárias.

A. Ícaro confessou a Ariadne.
— Meu sonho é voar muito alto.

B. Dédalo disse ao rei:
— Quero voltar para casa.

C. O rei ordenou aos guardas:
— Não deixem Dédalo sair de Creta!

D. A menina disse à mãe:
— Roubei a rosa de um jardim.

Vamos **relacionar** os textos

1. Complete o quadro, comparando os dois textos lidos nesta unidade.

CEM ANOS DE PERDÃO	*ÍCARO E DÉDALO*
Tipo de narrador: ______	Tipo de narrador: ______
Tipo de discurso predominante: ______	Tipo de discurso predominante: ______
Para realizar seu desejo, a narradora tem de vencer um obstáculo: ______	Para realizar seu desejo, o narrador tem de vencer um obstáculo: ______
Para realizar seu desejo, a narradora age: ______	Para realizar seu desejo, Dédalo age: ______
No final, a narradora se sente realizada porque: ______	No final, Dédalo decepciona-se porque: ______

2. Em qual dos dois textos é possível sentir com mais intensidade as emoções vividas pelas personagens? Você acha que isso tem alguma relação com o foco narrativo (tipo de narrador) presente em cada um dos textos?

Conexão com Mitologia

Labirinto das palavras

Muitos escritores e artistas plásticos utilizaram a mitologia grega como inspiração para suas obras e recontaram esses mitos das mais variadas formas. Veja este poema sobre a lenda da criação do labirinto. O autor conta a história e desafia o leitor a entrar no labirinto enquanto realiza a leitura.

ERA UMA VE Z UM LABIRINTO MUITO FAMOSO E DISTINTO QUE FICAVA NA ILHA DE CRETA A I
LHA DE ZEU S PREDILETA. QUEM MANDOU CONSTRUIR O LABIRINTO MUITO FAMOSO E DISTIN
TO FOI UM R EI DE DONS DIVINOS O REI MINOS DA ILHA DE CRETA A ILHA DE ZEUS PREDILETA.
E QUEM CON STRUIU O L
ABIRINTO M UITO FAMOSO E DISTINTO FOI UM ENGENHEIRO ENGENHOSO U M ARQUITE
TO HABILID OSO UM ARTISTA SUPERIO R O MELHOR ESCULTOR UM HOMEM C HAM A
DO DEDALO PAI DO JOVEM ICARO. DEN T R O DO LA B IRIN
TO MUITO F AMOSO E DISTINTO MOR A V A O HORRIVEL ASSUSTADOR T ERR IVEL
PERTURBA D OR TE MIVEL MINOTAURO UM MON STR OING
ENTE DEVO R ADOR DE G ENTE. FIQUE VO CE SABENDO QUE INGENTE Q UER DIZE
R GIGANTE S CO COLOSS AL ENORME DES COMUN AL U M DI
A O PRINCIP E TESEU FIL HO DO REI EGEU VIAJOU PARA A IL HAD E CRETA AI
LHA DE ZEU S PREDILET A. ELE ENTROU NO LABIRI NTO MUITO FAM
OSO E DISTI N TO QUE FIC AVA NA ILHA DE CRET A A ILHA D E ZE US PREDILE
TA E MATOU O H ORRIV EL AS SUSTADO R TE RRIVEL PER
TURBADOR T EMIVEL MI NOTAU RO UM MONSTRO INGENTE DEV ORADOR DE
GENTE. DEP O IS DE MATA RO HOR RIVEL ASSUSTAD OR TERRI VEL PERTURBAD
OR TEMIVE L MINOTAU RO UM MONSTRO INGEN TE DEVOR ADO R DE GENTE
O PRINCIPE T E SEU FILHO DO REI EGE U PRECISO U EN CONTRAR A
SAIDA DO L A BIRINTO MU ITO FAMOSO E DISTINTO. PA RA ISSO E LE C ONTOU COM
A AJUDA DA P RINCESA AR IADNE FILHA DO REI MINOS O REI DE DO NS D IVIN
OS QUE GOV E RNAVA A IL HA DE CRETA A ILHA DE ZEU S PREDILE TA A PRIN CESA
EMPRESTO U PARA O PRINC IPE TESEU FILHO DO REI EGE U UM FIO M UITO COM PRID
O QUE O GUI OU ATE A SAIDA DO LABIRINTO MUITO FAM OSO E DIST INT O. O REI M
INOS O REI D E DON S DIV INOS QUE GOV ERN AVA
A ILHA DE CRETA A ILH A DE Z EUS P REDILETA FICOU MUITO BRAV O PO RQU E O P
RINCIPE TESEU FILHO DO RE I EGE U CONSEGUIU MATAR O HORRIV EL A SSU STA
DOR TERRIVEL PERTU RBAD OR T EMIVEL MINOTAURO UM MONST RO I NGE NTE
DEVOR AD OR DE GENT E E SA IR VI VO D O LA
BIRINT O MUITO FA MOSO E DIS TINTO. ELE FICOU TAO BRAVO QUE M A NDO
U PRE NDER DEDAL O UM E NGEN HEIRO ENGENHOSO UM ARQ UITE TO H ABIL
IDOSO UM ARTISTA SUPER I O R O MEL HOR ESCULTOR DENTR O DO LAB IRIN
TO MU ITO FAMO SO E DISTI NTO JUNT O COM SEU FILH O IC ARO
E TRANCOU A P ORT A DAQ U E L E LABI RINTO M UITO FAMO SO E DIS TIN
TO QUE FICAV ANA ILHA D E C R ETA A ILHA DE Z EUS PREDI LET A. E NTA
O DED ALO UM EN GEN HEIRO ENGENH OSO U M ARQ
UITET O HABILIDOS O UM A RTIS TA SU PERIOR O MELHOR ESCULTOR F E Z ASAS
COM P ENAS DE PAS SARO SE SA IU VOA NDO DO LABIRINTO MUITO FA MOS O E D
ISTINT O JUN TO CO M SE U FIL
HO ICARO. DESDE AQUELA EPOCA RE P RESENTA UM GRANDE DESAFIO PERCORRER E ENC
ONTRAR A SAIDA DE QUALQUER LABIRI NTO TENHA ELE UMA UNICA PORTA COMO ERA O CAS
O DO LABIRINTO MUITO FAMOSO E DIS TINTO
QUE FICAVA NA ILHA DE CRETA A ILHA DE ZEUS PREDILETA OU TENHA DUAS PORTAS UMA DE
ENTRADA E OUTRA DE SAIDA COMO O LABIRINTO QUE ESTA DESENHADO NESTA PAGI NA.FIM.

LIMA, Ricardo da Cunha. *Cambalhota*. São Paulo: Companhia das Letrinhas, 2003.

Vamos pesquisar

As lendas e os mitos gregos são muito antigos, mas continuam atuais, especialmente por mostrarem personagens fascinantes de histórias que emocionam e encantam.

Reúna-se com seu grupo e escolham uma lenda ou um mito grego, estudem-no e exponham-no para a classe.

Vocês poderão fazer uma dramatização, uma história em quadrinhos, uma música ou uma leitura dramática.

Ampliando horizontes

ANDREA EBERT/ARQUIVO DA EDITORA

SONHAR É UMA NECESSIDADE VITAL DO SER HUMANO. SEM O SONHO, CIENTISTAS NÃO TERIAM FEITO SUAS DESCOBERTAS, GRANDES CONQUISTAS NÃO TERIAM SIDO ALCANÇADAS E ARTISTAS NÃO TERIAM REALIZADO OBRAS-PRIMAS.
MAS O SONHO NÃO ESTÁ APENAS NAS CONQUISTAS GRANDIOSAS DO HOMEM. PODEMOS SONHAR, DEVANEAR, FANTASIAR EM NOSSO DIA A DIA. BASTA VIAJAR NA IMAGINAÇÃO. FOI O QUE FEZ O AUTOR DO TEXTO A SEGUIR.

Sonho de Ícaro

Voar voar, subir subir ir por onde for
Descer até o céu cair ou mudar de cor
Anjos de gás, asas de ilusão
E um sonho audaz feito um balão
No ar no ar eu sou assim brilho do farol
Além do mais amar no fim simplesmente sol
Rock do bom ou quem sabe *jazz*
Som sobre som bem mais bem mais

O que sai de mim feito prazer
De querer sentir o que eu não posso ter
O que faz de mim ser o que sou
É gostar de ir por onde ninguém for
Do alto coração mais alto coração
Viver viver e não fingir esconder no olhar
Pedir não mais que permitir jogos de azar
Fauno lunar sombras no porão
E um *show* vulgar todo verão

Fugir meu bem pra ser feliz só no polo sul
Não vou mudar do meu país nem vestir azul
Faça o sinal cante uma canção
Sentimental em qualquer tom

Repetir o amor já satisfaz
Dentro do bombom há um licor a mais
Ir até que um dia chegue enfim
Em que o sol derreta a cera até o fim
Do alto coração mais alto coração

LEONO, André. In: <http://letras.terra.com.br/andre-leono/109623/>. Acesso em 27 jun. 2011.

ANDREA EBERT/ARQUIVO DA EDITORA

1. Na sua opinião, sobre o que fala a letra dessa música?

2. Que papel você pensa que a arte desempenha na busca dos anseios do ser humano?

3. O autor da música fala em "fugir pra ser feliz". E você? Do que acha que teria de fugir para ser feliz?

Veja a tira de Garfield, que está sonhando com os bons tempos.

DAVIS, Jim. In: *Folha de S.Paulo*, 5 jan. 2004.

Com que bons tempos você sonha? Como são ou como seriam?

Vamos escrever

Reconte a história de Ícaro e Dédalo mudando o foco narrativo. Dessa vez o narrador deverá ser em primeira pessoa. Dédalo contará sua história e a de seu filho. Não se esqueça de que você deverá mostrar com ênfase os sentimentos e as sensações do narrador-personagem. Crie um novo título para o texto. Leia em classe e discuta o ponto de vista da personagem. Como você descreveu seus sentimentos?

ANDREA EBERT/ARQUIVO DA EDITORA

Autoavaliação e reescrita

Agora faça uma leitura crítica do texto que você produziu. Troque sua produção com a do seu colega e responda às questões:

sim	não	
☐	☐	O foco narrativo está em primeira pessoa?
☐	☐	Os tempos verbais (pretérito perfeito e imperfeito) estão sendo adequadamente utilizados?
☐	☐	A seleção e a escolha dos termos estão adequadas à narrativa?
☐	☐	A caracterização das personagens e de seus sentimentos está de acordo com o original?

Unidade 4

A ATMOSFERA DA NARRATIVA E DA POESIA

- **FOCO:** o estilo individual do escritor na prosa e no verso.
- **GÊNEROS:** conto e poema.
- **PRÁTICAS DE LINGUAGEM:** pronome e função sintática; voz ativa; tipos de sujeito; conectivos; voz passiva.

VAMOS LER 1

Dalton Trevisan nasceu no Paraná, em 1925. Formou-se em Direito e ainda estudante começou a publicar seus primeiros contos. De 1946 a 1948, editou a revista *Joaquim*, que reunia textos críticos de Antonio Candido, Otto Maria Carpeaux e Mário de Andrade. As ilustrações levavam a assinatura de artistas do porte de Di Cavalcanti e Heitor dos Prazeres, entre outros. O autor, reconhecidamente avesso a entrevistas, fotos e aparições públicas, dedica-se quase exclusivamente ao conto e tem apenas um romance publicado: *A polaquinha*. Recebeu prêmios literários importantes e suas obras foram traduzidas para vários idiomas.

Uma vela para *Dario*

OBSERVE COMO NASCE O CONFLITO DE UMA PERSONAGEM NUMA NARRATIVA CONCISA E AO MESMO TEMPO ANGUSTIANTE.

Dario vem apressado, guarda-chuva no braço esquerdo. Assim que dobra a esquina, diminui o passo até parar, encosta-se a uma parede. Por ela escorrega, senta-se na calçada, ainda úmida de chuva. Descansa na pedra o cachimbo.

Dois ou três passantes à sua volta indagam se não está bem. Dario abre a boca, move os lábios, não se ouve resposta. O senhor gordo, de branco, diz que deve sofrer de ataque.

Ele reclina-se mais um pouco, estendido na calçada, e o cachimbo apagou. O rapaz de bigode pede aos outros que se afastem e o deixem respirar. Abre-lhe o paletó, o colarinho, a gravata e a cinta. Quando lhe tiram os

EVANDRO LUIZ/ARQUIVO DA EDITORA

rouquejar: emitir sons roucos.

destacar: tirar.

rabecão: neste caso, carro para transporte de defuntos.

sapatos, Dario rouqueja feio, bolhas de espuma surgem no canto da boca.

Cada pessoa que chega ergue-se na ponta dos pés, não o pode ver. Os moradores da rua conversam de uma porta a outra, as crianças de pijama acodem à janela. O senhor gordo repete que Dario sentou-se na calçada, soprando a fumaça do cachimbo, encostava o guarda-chuva na parede. Mas não se vê guarda-chuva ou cachimbo a seu lado.

A velhinha de cabeça grisalha grita que ele está morrendo. Um grupo o arrasta para o táxi da esquina. Já no carro a metade do corpo, protesta o motorista: quem pagará a corrida? Concordam chamar a ambulância. Dario conduzido de volta e recostado à parede — não tem os sapatos nem o alfinete de pérola na gravata.

Alguém informa da farmácia na outra rua. Não carregam Dario além da esquina; a farmácia no fim do quarteirão e, além do mais, muito peso. É largado na porta de uma peixaria. Enxame de moscas lhe cobre o rosto, sem que faça um gesto para espantá-las.

Ocupado o café próximo pelas pessoas que apreciam o incidente e, agora, comendo e bebendo, gozam as delícias da noite. Dario em sossego e torto no degrau da peixaria, sem o relógio de pulso.

Um terceiro sugere lhe examinem os papéis, retirados — com vários objetos — de seus bolsos e alinhados sobre a camisa branca. Ficam sabendo do nome, idade, sinal de nascença. O endereço na carteira é de outra cidade.

Registra-se correria de uns duzentos curiosos que, a essa hora, ocupam toda a rua e as calçadas: é a polícia. O carro negro investe a multidão. Várias pessoas tropeçam no corpo de Dario, pisoteado dezessete vezes.

O guarda aproxima-se do cadáver, não pode identificá-lo — os bolsos vazios. Resta na mão esquerda a aliança de ouro, que ele próprio — quando vivo — só destacava molhando no sabonete. A polícia decide chamar o rabecão.

A última boca repete — *Ele morreu, ele morreu*. A gente começa a se dispersar. Dario levou duas horas para morrer, ninguém acreditava estivesse no fim. Agora, aos que alcançam vê-lo, todo o ar de um defunto.

Um senhor piedoso dobra o paletó de Dario para lhe apoiar a cabeça. Cruza as mãos no peito. Não consegue fechar olho nem boca, onde a espuma sumiu. Apenas um homem morto e a multidão se espalha, as mesas do café ficam vazias. Na janela alguns moradores com almofadas para descansar os cotovelos.

Um menino de cor e descalço vem com uma vela, que acende ao lado do cadáver. Parece morto há muitos anos, quase o retrato de um morto desbotado pela chuva.

Fecham-se uma a uma as janelas. Três horas depois, lá está Dario à espera do rabecão. A cabeça agora na pedra, sem o paletó. E o dedo sem a aliança. O toco de vela apaga-se às primeiras gotas da chuva, que volta a cair.

TREVISAN, Dalton. *Cemitério de elefantes*. 14. ed. Rio de Janeiro: Record, 1998. p. 38-41.

Acudir:
prestar socorro.

Acudir:
dirigir-se a algum lugar (*Acudiram à janela*).

ILUSTRAÇÕES: EVANDRO LUIZ/ARQUIVO DA EDITORA

Antes de fazer as atividades propostas a seguir, leia o quadro abaixo.

O estilo individual do escritor

A atmosfera de uma narrativa diz respeito à maneira pela qual o escritor manipula a língua. Está relacionada com a intenção e o talento do artista. Como num texto não há os recursos da fala, do movimento, da imagem e das cores, o escritor supera essa deficiência criando uma linguagem rica em figuras, cuja função é prender a atenção do leitor, despertar imagens, provocar sentimentos e formar juízos de valor. Assim, a produção do texto pressupõe elaboração prévia e consciente por parte do escritor.

Vamos entender o texto

1. **Para fazer a caracterização do local, o autor seleciona substantivos que vão sendo agrupados ao longo da narrativa por meio de uma relação de interdependência, como numa classificação, que parte do nome mais geral até chegar ao mais específico, ou que vai do exterior ao interior. No quadro abaixo, os substantivos mais genéricos foram divididos em seis categorias que compõem a cena. Continue a classificação até chegar aos nomes mais específicos.**

ESQUINA						
RUA						
TÁXI						
PEIXARIA						
CAFÉ						
POLÍCIA						

2. **Leia o parágrafo:**

Dario **vem** apressado, guarda-chuva no braço esquerdo. Assim que **dobra** a esquina, **diminui** o passo até **parar**, **encosta**-se a uma parede. Por ela **escorrega**, **senta**-se na calçada, ainda úmida de chuva. Descansa na pedra o cachimbo.

Pela posição dos verbos no parágrafo, pode-se perceber uma gradação entre eles. Que gradação é essa?

3. No segundo parágrafo, algumas pessoas indagam se Dario não está bem. Qual foi a resposta dele?

4. Pode-se dizer, até aqui, que Dario é privado de duas coisas. Que coisas são essas?

VOZ ATIVA E VOZ PASSIVA

ATIVA: forma em que o verbo se apresenta para normalmente indicar que a pessoa a que se refere é o *agente* da ação. Trata-se do *sujeito agente*:

Eu *escrevo* a carta.

PASSIVA: forma verbal que indica que a pessoa é o *objeto* da ação verbal. Trata-se do *sujeito paciente*:

A carta *é escrita* por mim.

5. Leia o fragmento:

O rapaz de bigode **pede** aos outros que se afastem e o deixem respirar. **Abre**-lhe o paletó, o colarinho, a gravata e a cinta. Quando lhe **tiram** os sapatos, Dario rouqueja feio, bolhas de espuma surgem no canto da boca.

Agora, responda: o sujeito agente dos verbos destacados é o mesmo?

6. Que efeito essa posição dos verbos dá à narrativa?

7. Algumas personagens são descritas a partir de um traço ou uma qualidade: *senhor gordo* **de branco**, *rapaz* **de bigode**, *moradores* **da rua**, *crianças* **de pijama**, *velhinha* **de cabeça grisalha**, *menino* **de cor**. As locuções adjetivas criam uma relação de posse ou qualidade entre os termos. Faça a inversão dos substantivos dos grupos conforme o exemplo:

senhor gordo **de branco**	o branco (referindo-se à roupa dele) do senhor gordo
rapaz **de bigode**	
moradores **da rua**	
crianças **de pijama**	
velhinha **de cabeça grisalha**	
menino **de cor**	

EVANDRO LUIZ/ARQUIVO DA EDITORA

8. O primeiro parágrafo é caracterizado pelas ações de Dario. No segundo, ele inicia a ação, mas não a conclui; sua voz não é ouvida. Quais são as ações de Dario no terceiro parágrafo?

9. Leia o período:

Ocupado o café próximo pelas pessoas que apreciam o incidente e, agora, comendo e bebendo, gozam as delícias da noite.

O termo *ocupado* sugere dois sentidos. Quais são eles?

10. Como o narrador demonstra a transformação que ocorre com a personagem Dario? Responda à questão a partir do nome *Dario* e as relações **sujeito** × **objeto** e **sujeito agente** × **sujeito paciente**.

Dario é o sujeito:

Dario é objeto ou sofre a ação:

Dario é o sujeito paciente:

11. Na questão 7, observou-se que as personagens descritas são caracterizadas por algum traço ou qualidade: o rapaz tem bigode, os moradores têm rua, as crianças têm pijama, a velhinha tem cabeça grisalha, o menino tem cor. Faça, agora, a caracterização de Dario. Relacione todos os substantivos que se referem a ele.

12. A partir da caracterização da personagem feita na questão anterior, que relação pode-se fazer com o título do conto?

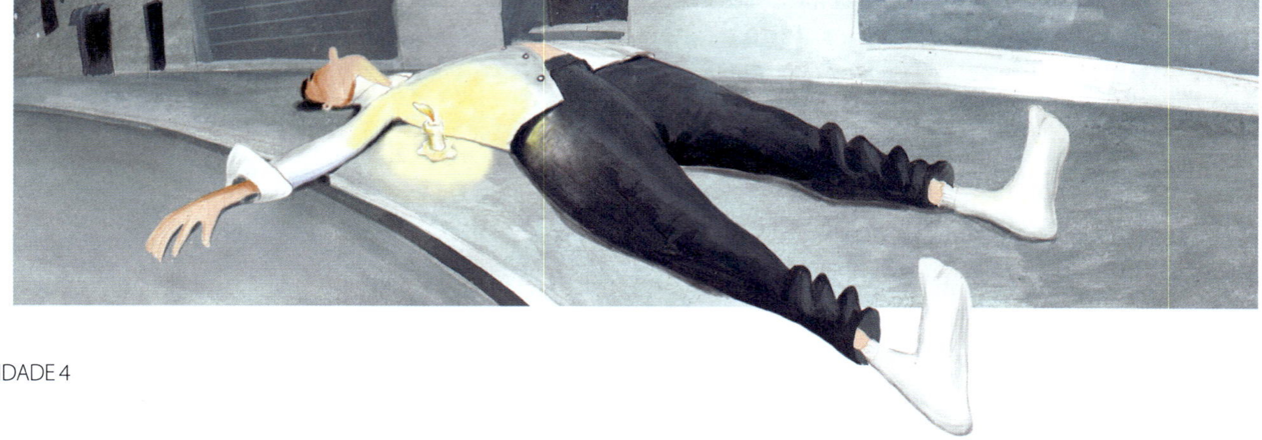

EVANDRO LUIZ/ARQUIVO DA EDITORA

Práticas de linguagem

1. Leia o quadro:

> Os **pronomes possessivos** seu(s) e sua(s) podem ser substituídos pelo pronome oblíquo lhe. Veja os exemplos:
>
> O barulho perturba-lhe as ideias = O barulho perturba as suas ideias. (= as ideias dele.)
>
> Ninguém lhe ouvia as queixas = Ninguém ouvia as suas queixas. (= as queixas dele.)

Proceda da mesma forma, transformando as orações abaixo. Faça as adequações necessárias:

A. "[...] Abre-lhe o paletó [...]."

B. "Quando lhe tiram os sapatos [...]."

C. "Enxame de moscas lhe cobre o rosto [...]."

D. "Um terceiro sugere lhe examinem os papéis [...]."

E. "Um senhor piedoso dobra o paletó de Dario para lhe apoiar a cabeça."

---

2. Passe as orações da voz passiva para a ativa:

A. "[...] Dario conduzido de volta e recostado à parede [...]."

B. "É largado na porta de uma peixaria [...]."

C. "Ocupado o café pelas pessoas que apreciam o incidente [...]."

D. "Um terceiro sugere lhe examinem os papéis, retirados — com vários objetos — de seus bolsos e alinhados sobre a camisa branca [...]."

E. "Várias pessoas tropeçam no corpo de Dario, pisoteado dezessete vezes."

3. Identifique os sujeitos dos verbos destacados. Consulte o texto se necessário.

A. "**Concordam** chamar a ambulância [...]."

B. "Não **carregam** Dario além da esquina [...]."

C. "**Ficam** sabendo do nome, idade, sinal de nascença."

D. "**Registra-se** correria de uns duzentos curiosos que, a essa hora, **ocupam** toda a rua e as calçadas: é a polícia."

E. "**Fecham-se** uma a uma as janelas."

4. Reescreva as orações a seguir incluindo conectivos e verbos omitidos pelo autor:

A. "[...] O rapaz de bigode pede aos outros que se afastem e o deixem respirar [...]."

B. "Cada pessoa que chega ergue-se na ponta dos pés, não o pode ver [...]."

C. "Dario conduzido de volta e recostado à parede [...]."

D. "Dario em sossego e torto no degrau da peixaria, sem o relógio de pulso."

E. "Agora, aos que alcançam vê-lo, todo o ar de um defunto."

Conexão com Costumes

Velas para a humanidade

Você leu no final do texto 1 que um menino colocou uma vela ao lado do corpo de Dario.

As velas são artefatos feitos pelo homem com o objetivo de iluminar ambientes e já existiam bem antes de Cristo. Seu uso com finalidades ritualísticas nas igrejas do Ocidente começou nas cerimônias fúnebres dos primeiros séculos. Segundo esses rituais, a presença da vela acesa significa que o espírito ingressa na luz eterna. Daí o costume popular de colocar uma vela na mão do morto ou moribundo, bem como seu uso nas sepulturas e na frente de imagens de santos.

Há pessoas que fazem promessa de acender uma vela a um santo para atingir um objetivo ou graça. Outros prometem acender em santuários velas do tamanho de uma pessoa.

As velas são utilizadas em cerimônias de diversas religiões de povos do mundo inteiro. Elas têm importância simbólica para o homem e são usadas em várias datas festivas e religiosas, e não somente na hora da morte. Para celebrar a vida, são colocadas em bolos de aniversário; e em várias culturas também são acesas nas cerimônias de Páscoa e na mesa de Natal.

Atualmente, por influência de povos do Oriente, as velas se popularizaram no Ocidente como objetos decorativos, para enfeitar não só mesas de jantares, mas também diversos ambientes, sendo confeccionadas em diferentes formatos, tamanhos, texturas, cores e aromas. Dizem os decoradores que as velas ajudam a "criar um clima".

Georges de La Tour, *Madalena à luz de vela* (1630).

Vamos **conversar**

Forme um pequeno grupo para discutir as questões abaixo.

Anotem as conclusões do grupo e apresentem-nas ao restante da classe.

1. Embora o narrador tenha descrito algumas manifestações de solidariedade, elas não foram suficientes para salvar Dario.

Na sua opinião, se ele fosse socorrido a tempo, teria sobrevivido?

2. O que você acha que o texto mostra a respeito da convivência humana nas cidades grandes?

Vamos escrever com **esquema**

Pense a respeito das questões propostas a seguir e, com base em suas reflexões, redija um pequeno texto dissertativo, completando o esquema proposto. Se quiser, antes de escrever seu texto, troque ideias com um colega.

Questões para reflexão

1. Qual é a visão de cidade grande que o narrador transmite no texto? Você concorda com ele?

2. Você acredita que existe solidariedade entre os seres humanos? Em que sentido? Por quê?

3. Deveria mesmo haver solidariedade? Por quê? Para quê?

4. Anote nas linhas a seguir o resultado de sua reflexão.

Se houvesse solidariedade entre os seres humanos, o mundo seria ______________________________

____

____

____

____

porque teria ______________________________________

____

____

____

____

e poderia proporcionar

A solidariedade entre os seres humanos não existe porque

e representa

mas pode ser

A primeira providência a ser tomada para a promoção de um ambiente solidário entre os seres humanos seria

pois isso provocaria

Vamos **escrever**

No texto *Uma vela para Dario*, você percebe como o narrador cria um clima que mostra a indiferença e o desrespeito pela vida humana. Ao apresentar a morte de Dario, revela uma sociedade composta de pessoas individualistas, que se omitem diante dos problemas alheios e se aproveitam de pessoas indefesas.

Crie um texto seguindo estas orientações:

- Escreva a narrativa em 3ª pessoa.
- Escolha um tema para mostrar como a sociedade, ou parte dela, age. Por exemplo, ao observar uma criança de rua tentando se proteger do frio em uma noite de inverno, o narrador pode mostrar como a sociedade se posiciona em relação ao menor abandonado.

Antes de criar seu texto, preencha o quadro proposto a seguir:

ELEMENTO	CARACTERÍSTICA
Fato a ser apresentado	
Forma como a sociedade se posiciona	
Clima presente na narrativa	

Escreva a sua redação no caderno ou em uma folha avulsa e entregue-a ao professor quando ele pedir.

EVANDRO LUIZ/ARQUIVO DA EDITORA

VAMOS LER 2

Carlos Drummond de Andrade nasceu em Minas Gerais, no ano de 1902. Formou-se em Farmácia na cidade mineira de Ouro Preto, mas não exerceu a profissão. Foi professor de Geografia e Português. Trabalhou como funcionário público, como chefe de gabinete do Ministério da Educação, em 1934. Trabalhou como redator-colaborador escrevendo crônicas em periódicos de Minas e do Rio de Janeiro. Traduziu para o português obras da literatura francesa e espanhola. Publicou seu primeiro livro, *Alguma poesia*, em 1930. Sua poesia abrange tanto temas líricos como sociais. É até hoje um dos poetas contemporâneos mais lidos, e suas obras foram traduzidas para vários idiomas. O poeta faleceu em 1987.

Infância

LEIA O POEMA E PROCURE OBSERVAR A ATMOSFERA QUE O TEXTO CRIA, FAZENDO COM QUE O LEITOR SE ENVOLVA NAS REMINISCÊNCIAS DO POETA.

EVANDRO LUIZ/ARQUIVO DA EDITORA

Meu pai montava a cavalo, ia para o campo.
Minha mãe ficava sentada cosendo.
Meu irmão pequeno dormia.
Eu sozinho menino entre mangueiras
lia a história de Robinson Crusoé
Comprida história que não acaba mais.

No meio-dia branco de luz uma voz que aprendeu
a ninar nos longes da senzala — e nunca se esqueceu
chamava para o café.
Café preto que nem a preta velha
café gostoso
café bom.

Minha mãe ficava sentada cosendo
olhando para mim:
— Psiu... Não acorde o menino.
Para o berço onde pousou um mosquito.
E dava um suspiro... que fundo!

Lá longe meu pai campeava
no mato sem fim da fazenda.

E eu não sabia que minha história
era mais bonita que a de Robinson Crusoé.

ANDRADE, Carlos Drummond de. "A família que me dei". In: *Antologia poética*. 13. ed. São Paulo: Abril Cultural, 1982. p. 56.

Vamos **entender** o texto

Antes de fazer as atividades propostas a seguir, leia o quadro abaixo.

O gênero lírico

A diferença fundamental entre o gênero narrativo e o lírico é o ponto de vista do escritor.

Na narrativa, há um sujeito que conta uma história ao leitor. Seu ponto de vista se dirige para fora, à observação dos fatos. O texto é, o mais das vezes, feito em prosa – avançando linearmente em períodos e parágrafos. No gênero lírico, ao contrário, o foco é o 'eu'. Nesse caso, a forma de expressão é o verso – que significa um movimento de retorno já que o alvo é o próprio sujeito, ou o 'eu' poético. A musicalidade, como o ritmo e a rima, e as figuras de linguagem são os recursos mais comuns deste tipo de gênero.

1. O texto lido é uma poesia de caráter narrativo. Qual o seu assunto?

2. Você já sabe que **rima** é a coincidência de sons no final de versos diferentes, ou também no interior do mesmo verso. Por exemplo, *noturno* rima com *soturno*, *peito* rima com *leito*, e assim por diante. Nessa poesia há uma única rima. Qual é ela?

3. Há na segunda estrofe uma comparação.

A. Transcreva-a e explique-a.

B. Ao fazer a comparação, o poeta usa a expressão "que nem" e não "como". Na sua opinião, por que ele preferiu a forma mais coloquial?

4. De acordo com o que é narrado no texto, o cotidiano descrito pode ser considerado tranquilo ou agitado? Justifique sua resposta.

5. Algumas ações das personagens presentes no texto repetem-se em versos de diferentes estrofes. Com isso, o poema ganha uma atmosfera de tranquilidade. Transcreva esses versos:

6. Há no texto um trecho em que aparece um discurso direto.

A. Qual é ele?

B. A quem essa fala é dirigida?

EVANDRO LUIZ/ARQUIVO DA EDITORA

7. Na última estrofe, o poeta, já crescido, lamenta algo. O que ele lamenta?

8. Na sua opinião, entre as palavras abaixo, qual a que melhor exprime o clima, a atmosfera presente no texto?

tristeza | amargura | felicidade | saudade | desespero | insatisfação

9. Quando você se recorda de sua infância, qual o primeiro fato de que se lembra? Narre-o resumidamente.

10. Tente explicar o significado da palavra destacada no trecho a seguir. Se for preciso, consulte o dicionário.

Lá longe meu pai **campeava**

campear: ____________________

Práticas de linguagem

1. Observe como se passa uma frase da voz ativa para a voz passiva:

A nossa família **sustenta** todos esses trabalhadores rurais.

voz ativa

*Todos esses trabalhadores rurais **são sustentados** pela nossa família.*

voz passiva

As frases abaixo estão na voz ativa. Passe-as para a voz passiva.

A. O guia conduz os turistas ao parque ecológico.

B. Um jovem imprime e entrega os jornais.

C. As últimas chuvas inundaram os bairros da periferia.

D. O acidente atrapalhou o movimento da rua.

2. Altere as frases propostas de acordo com este modelo.

"Café preto **que nem** a preta velha [...]." (linguagem coloquial)

*Café preto **como** a preta velha.* *(linguagem formal)*

A. Canavial escuro que nem a noite.

B. Vi uma menina de olhar perdido, que nem se tivesse perdido a memória.

C. Bolo de cenoura, saboroso e quentinho, que nem o que mamãe fazia.

D. Arrumava os objetos sempre do mesmo modo, que nem a avó.

Conexão com Infância

A infância como tema

A infância é um tema ao qual muitos poetas e escritores recorrem na hora de escrever. Casimiro de Abreu é autor de uma das estrofes mais conhecidas da poesia romântica nacional, que está no poema "Meus oito anos":

[...]
Oh! que saudades que tenho
Da aurora da minha vida,
Da minha infância querida
Que os anos não trazem mais!
Que amor, que sonhos, que flores,
Naquelas tardes fagueiras
À sombra das bananeiras,
Debaixo dos laranjais!
[...]

Vários são os escritores brasileiros que, como Drummond e Casimiro, passaram a infância no meio rural e o descreveram em seus romances e poemas. Esses autores tiveram, nessa fase da vida, a proximidade de adultos, parentes próximos ou empregados da família que exerceram influência sobre o seu imaginário e seu modo de ver o mundo. Monteiro Lobato criou as personagens Tia Nastácia e Dona Benta inspirado em pessoas com quem conviveu em criança, em uma fazenda da cidade de Taubaté, interior paulista. José Lins do Rego escreveu *Menino de engenho* baseado em recordações de sua infância, passada em uma fazenda de engenho de cana-de-açúcar no Nordeste.

Vamos relacionar os textos

Os dois textos lidos nesta unidade apresentam climas, atmosferas bastante diferentes. Você deverá retratar esses climas por meio de dois desenhos, procurando mostrar o que sentiu ao ler cada um dos textos. Você poderá fazer trabalhos abstratos ou figurativos. O importante é que explore as cores, com o objetivo de transmitir as sensações que teve com as leituras feitas.

Faça os desenhos em uma folha avulsa.

Vamos pesquisar

No poema de Carlos Drummond de Andrade, o poeta faz referência a Robinson Crusoé, personagem que dá nome a uma famosa obra do escritor inglês Daniel Defoe (1660-1731).

Pesquise na biblioteca de sua escola ou de sua cidade informações a respeito da história de Robinson Crusoé e apresente-as de forma resumida no espaço a seguir.

O uso dos pronomes pessoais retos

Os pronomes pessoais retos (*eu*, *tu*, *ele*, *nós*, *vós*, *eles*) nunca podem funcionar como complemento verbal. Apenas podem ser empregados como sujeito.

Assim:

Convidei **ele** para o jogo. (forma errada)
ele → pronome pessoal do caso reto

Convidei-**o** para o jogo. (forma correta)
o → pronome pessoal oblíquo

Para que você faça melhor uso dos pronomes, aqui vai uma regra prática: quando precedidas de preposição, as formas retas devem ser evitadas, preferindo-se as oblíquas:

Ninguém sairá sem **eu**. (forma errada)

Ninguém sairá sem **mim**. (forma correta)

Houve confusões entre **eu** e **tu**. (forma errada)

Houve confusões entre **mim** e **ti**. (forma correta)

As formas retas precedidas de preposição só serão usadas se funcionarem como sujeito de um verbo no infinitivo:

Ele deu o livro para **eu ler**.

Ele deu o livro para **tu leres**.

No entanto, diga sempre:

Ele deu o livro para **mim**.

Os pronomes oblíquos *se*, *si*, *consigo* só devem ser usados como reflexivos em construções do tipo:

O jovem fez a redação por *si* mesmo.

Joana inscreveu-*se* no concurso.

O carteiro trouxe as encomendas *consigo*.

Nunca diga:	**Diga:**
Gosto muito de **si**. (forma errada)	Gosto muito **de você**. (forma correta)
Preciso me encontrar **consigo**. (forma errada)	Preciso me encontrar **com você**. (forma correta)

Nesse tipo de construção também podem ser usados os pronomes *ti*, *contigo*:

Gosto muito de **ti**. (forma correta)

Preciso me encontrar **contigo**. (forma correta)

Ampliando horizontes

A paixão é um sentimento natural ao ser humano e por isso é um dos temas mais explorados em letras de música e poemas. Leia a tira da Mafalda e o texto da canção a seguir, que se tornou famosa na voz de Gilberto Gil. Em seguida, responda às questões propostas.

Quino. *Toda Mafalda*. São Paulo: Martins Fontes, 2003. p. 341.

Esperando na janela

Ainda me lembro do seu caminhar
Seu jeito de olhar
Eu me lembro bem
Fico querendo sentir o seu cheiro
É aquele jeito que ela tem
Tempo todo eu fico feito tonto
Sempre procurando mas ela não vem
E esse aperto no fundo do peito
Desses que o sujeito não pode aguentar
Ah! Esse aperto aumenta meu desejo
E não vejo a hora de poder lhe falar

Por isso eu vou na casa dela, ai, ai
Falar do meu amor pra ela, vai
Tá me esperando na janela, ai, ai
Não sei se vou me segurar

EVANDRO LUIZ/ARQUIVO DA EDITORA

GONDIM, Targino; ALMEIDA, Manuca; ACORDEON, Raimundinho do. Disponível em: <www.mpbnet.com.br/musicos/gilberto.gil/letras/esperando_na_janela.htm>. (Acesso em 27 jun. 2011).

Na sua opinião, qual a diferença entre o clima que existe entre amigos e entre apaixonados? Tente explicar essa diferença.

Vamos escrever

Crie uma narrativa em que você fale a respeito de sua infância. Você pode:

- inspirar-se na poesia lida nesta unidade;
- fazer a narrativa em verso ou em prosa;
- procurar transmitir a atmosfera, o clima que julgar mais adequado para retratar esse período de sua vida.

Auto-avaliação e reescrita

Agora faça uma leitura crítica do texto que você produziu. Troque sua produção com a do seu colega e responda às questões:

sim	não	
☐	☐	A estrutura do texto está de acordo com os gêneros desta unidade?
☐	☐	Em caso de texto em prosa, a narrativa foi escrita em 3ª pessoa?
☐	☐	Em caso de texto em verso, o texto foi escrito em 1ª pessoa?
☐	☐	A forma como o texto está organizado demonstra ter havido uma seleção prévia e consciente das palavras?

Unidade 5

O TEXTO JORNALÍSTICO: A REPORTAGEM, O ARTIGO

- **FOCO:** os elementos constitutivos da reportagem e do artigo de opinião.
- **GÊNEROS:** reportagem e artigo de opinião.
- **PRÁTICAS DE LINGUAGEM:** funções do *que* (conjunção integrante e pronome relativo); verbo *poder*; regência verbal e nominal.

VAMOS LER 1

A revista ***Nova Escola*** foi lançada em 1986 pela Fundação Victor Civita. É subsidiada por meio de parcerias com o Governo Federal, o que tem permitido sua distribuição gratuita às escolas públicas brasileiras.

Bullying: é preciso levar a sério ao primeiro sinal

ESSE TIPO DE VIOLÊNCIA TEM SIDO CADA VEZ MAIS NOTICIADO E PRECISA DE EDUCADORES ATENTOS PARA SE EVITAREM CONSEQUÊNCIAS DESASTROSAS.

Entre os tantos desafios já existentes na rotina escolar, está posto mais um. O *bullying* escolar — termo sem tradução exata para o português — tem sido cada vez mais reportado. É um tipo de agressão que pode ser física ou psicológica, ocorre repetidamente e intencionalmente e ridiculariza, humilha e intimida suas vítimas. "Ninguém sabe como agir", sentencia a promotora Soraya Escorel, que compõe a comissão organizadora do I Seminário Paraibano sobre Bullying Escolar, que reuniu

NIK NEVES/ARQUIVO DA EDITORA

NIK NEVES/ARQUIVO DA EDITORA

educadores, profissionais da Justiça e representantes de governos nos dias 28 e 29 de março, em João Pessoa, na Paraíba. "As escolas geralmente se omitem. Os pais não sabem lidar corretamente. As vítimas e as testemunhas se calam. O grande desafio é convocar todos para trabalhar no incentivo a uma cultura de paz e respeito às diferenças individuais", complementa.

A partir dos casos graves, o assunto começou a ganhar espaço em estudos desenvolvidos por pedagogos e psicólogos que lidam com Educação. Para Lélio Braga Calhau, promotor de Justiça de Minas Gerais, a imprensa também ajudou a dar visibilidade à importância de se combater o *bullying* e, por consequência, a criminalidade. "Não se trata aqui de pequenas brincadeiras próprias da infância, mas de casos de violência, em muitos deles de forma velada. Essas agressões morais ou até físicas podem causar danos psicológicos para a criança e o adolescente, facilitando posteriormente sua entrada no mundo do crime", avalia o especialista no assunto. Ele concorda que o *bullying* estimula a delinquência e induz a outras formas de violência explícita.

Seminário — Organizado pela Promotoria de Justiça da Infância e da Adolescência da Paraíba, em parceria com os governos municipal e estadual e apoio do Colégio Motiva, o evento teve como objetivo, além de debater o assunto, orientar profissionais da Educação e do Judiciário sobre como lidar com esse problema. A Promotoria de Justiça elaborou um requerimento para acrescentar os casos de *bullying* ao Disque 100, número nacional criado para denunciar crimes contra a criança e o adolescente. O documento será enviado para o Ministério da Justiça e à Secretaria Especial de Direitos Humanos.

Durante o encontro também foi lançada uma publicação a ser distribuída para as escolas paraibanas, com o objetivo de evidenciar a importância de um trabalho educativo em todos os cenários em que o *bullying* possa estar presente — na escola, no ambiente de trabalho ou mesmo entre vizinhos. Nesse manual, são apresentados os sintomas mais comuns de vítima desse tipo de agressão, algumas pistas de como identificar os agressores, conselhos para pais e professores sobre como prevenir esse tipo de situação e mostram-se, ainda, quais as consequências para os envolvidos.

Em parceria com a Universidade Maurício de Nassau, a organização do evento registrou as palestras e as discussões — o material se transformará num videodocumentário educativo que será exibido nas escolas da Paraíba, da Bahia e de Pernambuco.

Bullying vai muito além da brincadeira sem graça

Esse termo não tem um correspondente em português. Em inglês refere-se à atitude de um *bully* (valentão). Objeto de estudo pela primeira vez na Noruega, o *bullying* é utilizado para descrever atos de violência física ou psicológica contra alguém em desvantagem de poder, sem motivação aparente e que causa dor e humilhação a quem sofre. "É uma das formas de violência que mais cresce no mundo", afirma Cléo Fante, pedagoga pioneira no estudo do tema no país e autora de Bullying *escolar* (Artmed). Segundo ela, o *bullying* pode acontecer em qualquer contexto social, como escolas, universidades, famílias, entre vizinhos e em locais de trabalho. "Identificamos casos de *bullying* em escolas das redes pública e privada, rurais e urbanas e até mesmo com crianças de 3 e 4 anos, ainda no Ensino Infantil", comenta.

Para o presidente do Centro Multidisciplinar de Estudos e Orientação sobre o Bullying Escolar, José Augusto Pedra, o fenômeno é uma epidemia psicossocial e pode ter consequências graves. O que, à primeira vista, pode parecer um simples apelido inofensivo pode afetar emocional e fisicamente o alvo da ofensa. Crianças e adolescentes que sofrem humilhações racistas, difamatórias ou separatistas podem ter queda do rendimento escolar, somatizar o sofrimento em doenças psicossomáticas e sofrer de algum tipo de trauma que influencie traços da personalidade. "Se observa também uma mudança de comportamento. As vítimas ficam isoladas, se tornam agressivas e reclamam de alguma dor física justamente na hora de ir para a escola", detalha José Pedra.

Até as testemunhas sofrem ao conviver diariamente com o problema, mas tendem a omitir os fatos por medo ou insegurança. Geralmente, elas não denunciam e se acostumam com a prática — acabam encarando como natural dentro do ambiente escolar. "O espectador se fecha aos relacionamentos, se exclui porque acha que pode sofrer também no futuro. Se for pela internet, no *cyberbullying*, por exemplo, ele 'apenas' repassa a informação. Mas isso o torna um coautor", completa Cléo Fante.

O *bullying*, de fato, sempre existiu. O que ocorre é que, com a influência da televisão e da internet, os apelidos pejorativos foram tomando outras proporções. "O fato de ter consequências trágicas, como mortes e suicídios, e a falta de impunidade proporcionaram a necessidade de se discutir de forma mais séria o tema", aponta Guilherme Schelb, procurador da República e autor do livro *Violência e criminalidade infantojuvenil*.

Como identificar vítima e agressor

Depressão, baixa autoestima, ansiedade, abandono dos estudos — essas são algumas das características mais usuais das vítimas. De certa forma, o *bullying* é uma prática de exclusão social cujos principais alvos costumam ser pessoas mais retraídas, inseguras. Essas características acabam fazendo com que elas não peçam ajuda e, em geral, elas se sentem desamparadas e encontram dificuldades de aceitação. "São presas fáceis, submissas e vulneráveis aos valentões da escola", explica Cléo Fante, especialista no assunto.

Além dos traços psicológicos, as vítimas desse tipo de agressão apresentam particularidades, como problemas com obesidade, estatura, deficiência física. As agressões podem ainda abordar aspectos culturais, étnicos e religiosos. "Também pode acontecer com um novato ou com uma menina bonita, que acaba sendo perseguida pelas colegas", exemplifica Guilherme Schelb.

Os agressores são geralmente os líderes da turma, os mais populares — aqueles que gostam de colocar apelidos nos mais frágeis. Assim como a vítima, ele também precisa de ajuda psicológica. "No futuro, este adulto pode ter um comportamento de assediador moral no trabalho e, pior, utilizar da violência e adotar atitudes delinquentes ou criminosas", detalha Lélio Calhau.

Como prevenir o problema na escola

Para evitar o *bullying*, as escolas devem investir em prevenção e estimular a discussão aberta com todos os atores da cena escolar, incluindo pais e alunos. Para os professores, que têm um papel importante na prevenção, alguns conselhos dos especialistas Cléo Fante e José Augusto Pedra, autores do livro Bullying *escolar* (Artmed):

— Observe com atenção o comportamento dos alunos, dentro e fora de sala de aula, e perceba se há quedas bruscas individuais no rendimento escolar.

— Incentive a solidariedade, a generosidade e o respeito às diferenças através de conversas, trabalhos didáticos e até de campanhas de incentivo à paz e à tolerância .

— Desenvolva, desde já, dentro de sala de aula um ambiente favorável à comunicação entre alunos.

— Quando um estudante reclamar ou denunciar o *bullying*, procure imediatamente a direção da escola.

— Muitas vezes, a instituição trata de forma inadequada os casos relatados. A responsabilidade é, sim, da escola, mas a solução deve ser em conjunto com os pais dos alunos envolvidos.

BARROS, Andréia. Disponível em: <http://revistaescola.abril.com.br/crianca-e-adolescente/comportamento/bullying-preciso-levar-serio-431385.shtml?page=0> (page=1, 2, 3). (Acesso em 5 maio 2011).

Sentenciar:
pronunciar o seu voto ou sua opinião.
"É preciso sempre melhorar a qualidade de vida das pessoas", sentencia a especialista em educação.

ILUSTRAÇÕES: NIK NEVES/ARQUIVO DA EDITORA

Sentenciar:
condenar por meio de sentença.
O juiz sentenciou o condenado a trinta anos de prisão.

Vamos **entender** o texto

Antes de fazer as atividades propostas a seguir, leia o quadro abaixo.

Reportagem

Reportagens são textos de caráter jornalístico que relatam um fato de forma mais aprofundada que a notícia. As reportagens podem ser de caráter:

a) informativo: expõem o fato com narração simples e objetiva;

b) interpretativo: comentam o fato estabelecendo conexões com outros fatos ou problemas;

c) opinativo: orientam e dirigem a opinião do leitor por meio de uma interpretação do fato.

Para garantir a objetividade da notícia, o conteúdo da reportagem deve responder às perguntas, conhecidas por *lead*:

O QUÊ?	QUEM?	ONDE?	QUANDO?	POR QUÊ?	COMO?
o fato ocorrido	a pessoa envolvida	o local do fato	o momento do fato	a causa do fato	o modo como o fato ocorreu

O primeiro parágrafo normalmente tem a função de introduzir o assunto e é organizado para chamar a atenção do leitor. O texto de uma reportagem deve empregar poucos adjetivos valorativos e trazer depoimentos de pessoas envolvidas com o fato. De modo geral, depois do *lead*, desenvolve-se a narrativa do fato principal ampliando-a e compondo-a por meio de entrevistas, depoimentos, boxes com estatísticas, pequenos resumos, textos de opinião.

1. A reportagem é dividida em duas partes: a primeira, que vai do primeiro ao terceiro parágrafo, diz respeito ao lide (ou *lead*, em inglês), cuja função é situar o leitor quanto às informações básicas da reportagem; a segunda, por sua vez, visa ampliar o tema, acrescentando opiniões e diferentes versões, de preferência comprovadas. Complete o quadro a seguir com as respostas adequadas ao lide.

LIDE	INFORMAÇÕES BÁSICAS
Quem?	
O quê?	
Onde?	
Quando?	
Por quê?	
Como?	

2. A partir das informações do quadro, elabore um parágrafo. Faça as adequações necessárias para compor o texto.

NIK NEVES/ARQUIVO DA EDITORA

3. A autora inicia o parágrafo com o seguinte período:

Entre os tantos desafios já existentes na rotina escolar, está posto mais um.

A maneira como ela se expressa desperta a curiosidade e a atenção do leitor. Além do quê, o leitor se pergunta: que desafio é esse? Releia o parágrafo e transcreva o desafio a que ela se refere.

4. Na primeira parte da reportagem, a autora contextualiza o tema apresentando o testemunho de duas autoridades no assunto. Quem são essas pessoas? Reescreva a citação de cada uma delas.

5. No sexto parágrafo, a autora define o termo *bullying* acrescentando à definição informações que especificam o(s) contexto(s) em que o ato ocorre. Transforme-as em um único parágrafo. Como se trata de citação, inicie o seu texto com a preposição *segundo*. Faça as adequações necessárias para dar coesão aos períodos.

6. Ao longo da reportagem, a autora substitui a expressão "*bullying* escolar" por outras palavras ou elementos que recuperam o sentido da expressão. Relacione-os abaixo conforme as ocorrências nos parágrafos:

PARÁGRAFO	TERMO OU EXPRESSÃO USADA	PARÁGRAFO	TERMO OU EXPRESSÃO USADA

7. No parágrafo 10, a autora afirma:

Essas características acabam fazendo com que elas não peçam ajuda e, em geral, elas se sentem desamparadas e encontram dificuldades de aceitação.

As características são apontadas tanto no parágrafo 10 quanto no 11. Quais são elas?

8. Segundo a autora, de quem é a responsabilidade para solucionar o problema de *bullying* nas escolas?

Práticas de **linguagem**

1. Leia o quadro antes de responder às questões propostas:

> Os **pronomes relativos** são palavras que representam nomes já referidos, com os quais estão relacionados. Daí denominarem-se *relativos*. No exemplo:
>
> Armando comprou a casa que lhe convinha.
>
> A palavra **que** representa o nome *casa*, relaciona-se com o termo *casa*; por isso é chamada de pronome relativo. O termo *casa* aparece nas duas orações quando separadas:
>
> Armando comprou **a casa**. **A casa** lhe convinha.

Conforme o exemplo do quadro, transforme os períodos compostos em simples substituindo o pronome relativo pelo termo a que se refere. Faça as adequações necessárias.

A. "É um tipo de agressão que pode ser física ou psicológica [...]."

B. "[...] sentencia a promotora Soraya Escorel, que compõe a comissão organizadora do I Seminário Paraibano sobre Bullying Escolar [...]."

C. "[...] o assunto começou a ganhar espaço em estudos desenvolvidos por pedagogos e psicólogos que lidam com Educação."

D. "[...] com o objetivo de evidenciar a importância de um trabalho educativo em todos os cenários em que o *bullying* possa estar presente – na escola, no ambiente de trabalho ou mesmo entre vizinhos."

E. "[...] o material se transformará num videodocumentário educativo que será exibido nas escolas da Paraíba, da Bahia e de Pernambuco."

2. Verbo **poder**

> O verbo **poder** indica *permissão*, *capacidade* (física, moral ou legal) ou *habilidade* e *possibilidade*. No texto 1 desta unidade, a autora utiliza diversas vezes o verbo *poder* no sentido de *possibilidade*, isto é, são afirmações hipotéticas, que "podem" ou não ser comprovadas.

Reescreva as orações a seguir suprimindo o verbo *poder* e flexionando o verbo principal de acordo com os sujeitos de cada uma delas. Verifique a mudança de sentido que a supressão do verbo *poder* acarreta às orações.

A. "Essas agressões morais ou até físicas ***podem*** causar danos psicológicos para a criança e o adolescente [...]."

B. "O *bullying* **pode** acontecer em qualquer contexto social, como escolas, universidades, famílias, entre vizinhos e em locais de trabalho."

C. "O fenômeno é uma epidemia psicossocial e **pode** ter consequências graves."

D. "Crianças e adolescentes que sofrem humilhações racistas, difamatórias ou separatistas **podem** ter queda do rendimento escolar, somatizar o sofrimento em doenças psicossomáticas e sofrer de algum tipo de trauma que influencie traços da personalidade."

E. "As agressões **podem** ainda abordar aspectos culturais, étnicos e religiosos. Também **pode** acontecer com um novato ou com uma menina bonita, que acaba sendo perseguida pelas colegas."

Conexão com Ciência

A neurologia explica

Tudo o que pode parecer estranho no comportamento dos adolescentes tem explicação neurológica. A falta de interesse pelas aulas, por exemplo, é consequência de uma revolução nas sinapses (conexões entre as células cerebrais — os neurônios). Nessa etapa da vida, uma série de alterações ocorre nas estruturas mentais do córtex pré-frontal — área responsável pelo planejamento de longo prazo e pelo controle das emoções —, daí a explicação para ações intempestivas e às vezes irresponsáveis.

Por volta dos 12 ou 13 anos, o cérebro entra num processo de reconstrução. "É o que eu chamo de 'poda' das sinapses para que outras novas ocupem o seu lugar", afirma o psiquiatra Jorge Alberto da Costa e Silva, da Universidade Estadual do Rio de Janeiro (UERJ), [...]. Segundo Silva, o cérebro faz uma limpeza de conexões que não têm mais utilidade — como as que surgiram para que a criança aprendesse a andar ou a falar, por exemplo — e abre espaço a novas.

Grosso modo, funciona assim: quanto mais são usadas, mais as conexões se desenvolvem e amadurecem. Imagine que para tocar um instrumento o indivíduo necessite de algumas sinapses. Quanto mais ele pratica, mais "fortes" ficam as conexões. Se não são usadas, elas ficam lá só ocupando espaço e são descartadas na adolescência. Ao mesmo tempo, o que a pessoa aprende nesse período fica para a vida inteira.

Esse intenso processo de monta e desmonta remodela toda a estrutura básica cerebral. Por isso, afeta "desde a lógica e a linguagem até os impulsos e a intuição", explica a jornalista Barbara Strauch, editora de medicina do jornal norte-americano *The New York Times* e autora do livro *Como entender a cabeça dos adolescentes*, que apresenta as últimas pesquisas sobre o assunto.

GIRARDI, Giovana. Disponível em: <http://revistaescola.abril.com.br/crianca-e-adolescente/comportamento/adolescentes-entender-cabeca-431429.shtml>. (Acesso em 5 maio 2011).

BLAJ GABRIEL/SHUTTERSTOCK/GLOW IMAGES

Vamos conversar

Imagine a seguinte situação: seu grupo deverá fazer uma campanha com o objetivo de restituir ao ambiente escolar o lugar da diversidade e do respeito às diferenças individuais.

Discuta com seus colegas:

- como será a campanha;
- onde a campanha terá lugar;
- informações que farão parte da campanha.

Vamos escrever com esquema

Agora o grupo deverá produzir sua campanha, seguindo o esquema proposto:

- Criem um nome chamativo para a campanha.
- Apresentem o problema que está ocorrendo.
- Mostrem as causas do problema.
- Orientem os alunos, mostrando como podem participar da campanha.

Vamos escrever

O texto 1 é uma reportagem que apresenta um problema (o *bullying* escolar) e suas possíveis causas.

Pense como você pode ajudar a sua escola a enfrentar e superar esse problema. O título de sua reportagem será: **Individualidade e convívio social – duas realidades, dois direitos**.

Etapas:

1. Pesquisa de campo:

- Faça entrevistas com seus colegas e professores sobre o que eles conhecem sobre o tema em pauta;
- Anote todos os depoimentos, opiniões e comentários para servir de embasamento ao texto final.

2. Produção textual:

- No primeiro parágrafo da reportagem, use um recurso para chamar a atenção do leitor, apresente o problema (isto é, o desrespeito aos valores humanos que vem acontecendo nas salas de aula);
- Nos demais parágrafos, mostre as causas do problema e a importância do tema em destaque;
- Apresente algumas alternativas que podem ser adotadas pelas escolas para se criar um clima saudável e humano entre os alunos;
- Leia o texto para os outros grupos;
- Faça um debate sobre o tema.

VAMOS LER 2

A ***Folha de S.Paulo*** é um jornal paulista que foi fundado em 19 de fevereiro de 1921 com o nome *Folha da Noite* por Olival Costa e Pedro Cunha. Em 1962, o jornal foi comprado por Carlos Caldeira Filho e Octavio Frias de Oliveira (cuja família ainda mantém o controle do jornal), que o rebatizaram para *Folha de S.Paulo*.

NIK NEVES/ARQUIVO DA EDITORA

Brutalidade não pode ser reação a cantada

Infelizmente, em menos de um mês tenho que voltar ao tema da violência gratuita, face aos incidentes que aconteceram em plena avenida Paulista, quando um grupo de quatro menores e um garoto de 19, todos de classe média e teoricamente "educados", agrediram outros jovens. A coluna está sendo escrita um dia após os agressores terem sido liberados pelas autoridades responsáveis. Há indícios (segundo a própria polícia) de que a motivação para alguns dos ataques no dia 14 tenha sido a homofobia.

A defesa alega que não houve homofobia, mas uma simples briga de jovens, talvez motivada por um suposto flerte de um dos garotos que foi agredido. Os agredidos e outras testemunhas negam que houve qualquer tipo de contato anterior e dizem que os agressores já chegaram batendo.

Vamos supor que houve uma briga que nasceu de uma cantada. Desde quando a forma de se reagir a qualquer tipo de cantada, vindo ela de homens ou de mulheres, é uma agressão brutal? Cinco garotos atacando um jovem sozinho é uma simples briga?

Na melhor das hipóteses, é pura covardia. Na pior, é um ato preconceituoso e bárbaro.

Não dá para admitir tal comportamento como sendo natural, um rito de passagem, agressividade normal de meninos, necessidade de afirmação frente ao grupo e falta de limites colocados pelos pais, entre outras alegações. É uma selvageria inadmissível e, para isso, existe lei, julgamento e eventuais responsabilizações.

Tendo a achar que a melhor maneira de aprender é trabalhar aquilo que é sensível. Assim, que tal colocar alguém que não sabe lidar com sua própria agressividade em um trabalho comunitário com vítimas de violência contra a mulher, de preconceito e de homofobia? Talvez, no contato com aquilo que incomoda, a gente cresça e aprenda a ser um adulto melhor.

BOUER, Jairo. Disponível em: <http://www1.folha.uol.com.br/fsp/folhatee/fm2211201012.htm>. (Acesso em 5 maio 2011).

Bárbaro:
para os gregos, romanos e, posteriormente, para outros povos, que ou quem pertencesse a outra raça ou civilização e falasse outra língua que não a deles; estrangeiro.

Bárbaro:
que ou quem é cruel, desumano, feroz.

Bárbaro:
espetacular, estupendo.

ILUSTRAÇÕES: NIK NEVES/ARQUIVO DA EDITORA

Vamos entender o texto

Antes de fazer as atividades propostas a seguir, leia o quadro abaixo.

Artigo

Artigo é um texto que reflete uma opinião concreta sobre algum fato da atualidade. O tema do artigo pode se referir a uma decisão política, a um acontecimento cultural ou à situação econômica de um país. Como a principal função do artigo é convencer o leitor, seus argumentos devem estar bem estruturados. Eis alguns passos que o escritor segue na elaboração do artigo:

a) escolha do tema e sua finalidade;
b) apresentação dos fatos que serão comentados;
c) elaboração dos argumentos empregados;
d) valorização pessoal dos fatos e proposta de soluções ou de ações concretas.

1. Qual é o tema do artigo?

____

____

2. Qual a finalidade do tema tratado?

NIK NEVES/ARQUIVO DA EDITORA

3. Como os fatos são apresentados?

4. Como é feita a elaboração dos argumentos pelo autor? Relacione quatro argumentos apresentados.

5. Qual(quais) é(são) a(s) proposta(s) de soluções ou de ações concretas defendidas pelo autor?

6. Embora o tema seja a violência gratuita, o autor deixa implícita sua tese ou opinião a respeito do incidente. Comprove sua resposta com afirmações do autor.

7. O que significa o termo *homofobia*? Consulte um dicionário.

Práticas de linguagem

Sintaxe de regência

A sintaxe de regência trata das relações de dependência entre termos. Pode ser verbal (regime dos verbos) ou nominal (regime dos nomes). Os termos regentes ou subordinantes (verbos, substantivos e adjetivos) reclamam outros (os termos regidos ou subordinados). Muitas vezes, os termos regidos prendem-se aos regentes por meio das preposições. Assim, tem-se:

TERMOS REGENTES	TERMOS REGIDOS
1. Amor	à Pátria. (complemento nominal)
2. Contente	com a sorte. (complemento nominal)
3. Aspiro	ao cargo. (objeto indireto)
4. Foram feitos	por mim. (agente da passiva)

1. Nas orações abaixo, relacione os termos regentes e os regidos. Em seguida, classifique os termos regidos conforme os exemplos dados no quadro acima.

A. "[...] tenho que voltar ***a***o tema da violência gratuita [...]."

B. "[...] face ***a***os incidentes que aconteceram em plena avenida Paulista [...]."

C. "[...] após os agressores terem sido liberados ***pelas*** autoridades responsáveis."

D. "[...] necessidade ***de*** afirmação frente ***a***o grupo e falta ***de*** limites colocados ***pelos*** pais [...]."

TERMOS REGENTES	TERMOS REGIDOS	CLASSIFICAÇÃO/ FUNÇÃO SINTÁTICA

Funções do *que* (conjunção integrante e pronome relativo)

No período composto, as orações subordinadas substantivas e as subordinadas adjetivas são introduzidas por intermédio do conectivo **que**. Nas substantivas, o *que* é denominado conjunção integrante; nas adjetivas, pronome relativo. Veja os exemplos:

1. Não consta **que** ele fosse antirreligioso.
2. Aconteceu **que** não o encontrei em casa.
3. Tinha esperança de **que** me chamasse.
4. Há coisas **que** nos comovem.
5. Ele, **que** trabalhou, não ganhou nada.
6. Pedra **que** rola não cria limo.

Nos três primeiros exemplos, trata-se de conjunção integrante, cuja função é complementar a ideia da oração principal; nos três últimos, trata-se de pronome relativo, isto é, o *que* se refere ao termo imediatamente anterior, nestes casos, *coisas*, *ele* e *pedra*, respectivamente.

2. Com base na explicação e nos exemplos do quadro acima, indique se o *que* tem função de conjunção integrante ou de pronome relativo.

A. "Tenho **que** voltar ao tema da violência gratuita [...]."

B. "Face aos incidentes **que** aconteceram [...]."

C. "Há indícios de **que** a motivação para alguns dos ataques [...]."

D. "A defesa alega **que** não houve homofobia [...]."

E. "Os agredidos e outras testemunhas negam **que** houve qualquer tipo de contato anterior [...]."

F. "Vamos supor **que** houve uma briga **que** nasceu de uma cantada [...]."

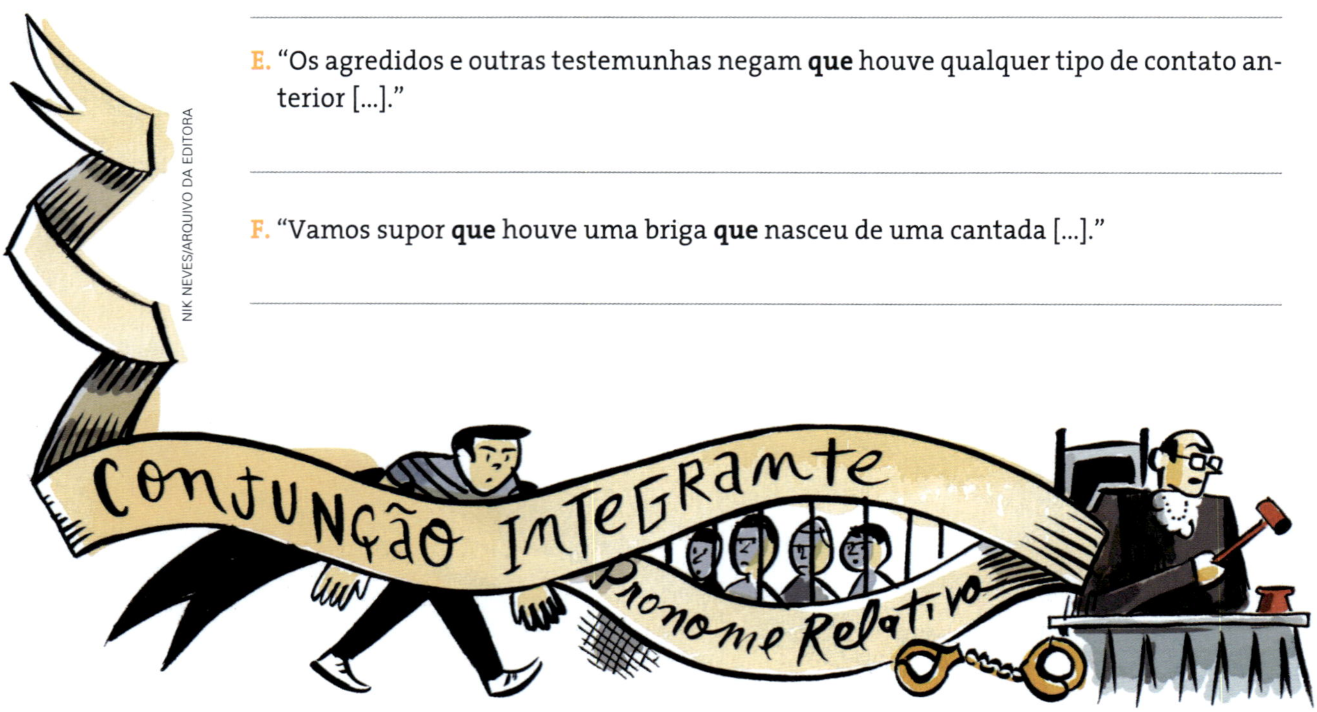

NIK NEVES/ARQUIVO DA EDITORA

Vamos relacionar os textos

Nesta unidade, você leu dois textos jornalísticos cujos assuntos estão ligados à violência entre adolescentes. Redija um pequeno artigo de opinião que fale sobre as virtudes humanas como a única forma de se superarem as rivalidades entre as pessoas. Na produção de seu texto, considere os fatos dos textos conforme os tópicos:

- Apresentação sumária sobre os temas dos textos lidos;
- Finalidade do artigo e do tema proposto;
- Elaboração dos argumentos a partir dos fatos estudados;
- Apresentação dos fatos que serão comentados;
- Proposta de soluções ou de ações concretas.

Conexão com Personagem

Sim, você pode fazer

SE VOCÊ ANDA MEIO "POR BAIXO", ANDA ABATIDO COM AS "DERROTAS", FOI REPROVADO NUM CONCURSO OU ATÉ MESMO ACHA QUE O SEU TEMPO "JÁ PASSOU", VEJA ESTA HISTÓRIA.

[...] Thomas Edison — um dos maiores gênios que a humanidade conheceu — foi expulso da escola primária porque seu professor concluiu que ele tinha "cérebro oco" e era incapaz de aprender. [...] só que, felizmente, para ele e para o mundo, Edison resolveu esquecer a opinião do professor e viver sua própria vida.

Edison descobriu algo que talvez jamais aprendesse nas escolas comuns. Aprendeu de início que era capaz de controlar e dirigir sua mente no sentido que desejasse. Aprendeu, depois, que poderia usar os conhecimentos técnicos de outros homens para realizar pesquisas científicas, [...]. Contratou químicos, matemáticos e mecânicos. Quando Edison passou a exercer pleno domínio sobre seu "cérebro oco", produziu a lâmpada elétrica, o fonógrafo (do qual se originou o *CD player*), o projetor de cinema, o microfone, o mimeógrafo, além de aperfeiçoar outros inventos, entre eles o telefone e a máquina de escrever, num total de mais de mil inventos.

Quando era menino, havia sido vendedor de balas num trem. Certa vez um homem o ergueu pelas orelhas, e isso foi o começo do fim da sua capacidade de ouvir. Ele poderia ter remoído aquela experiência cruel e danosa durante o resto da vida [...], mas não foi o que fez.

Certo dia foi visitado pelo escritor Napoleon Hill, que constatou que ele usava um aparelho para surdez. Ao certificar-se de que se compreendiam mutuamente, Hill perguntou-lhe se sua surdez não o tinha prejudicado muito. Ele respondeu: "Ao contrário, a surdez foi de grande valia para mim. Poupou-me o trabalho de ficar ouvindo grande quantidade de conversas inúteis e me ensinou a ouvir a voz interior. Além do mais, um homem que tem que gritar quando fala, nunca diz mentiras".

O seu grande sucesso se deveu à sua grande perseverança e capacidade de trabalho [...]. Certa vez, após centenas de fracassos na tentativa de conseguir um invento, disse aos seus colaboradores: "Já conhecemos centenas de maneiras que não dão certo. Agora estamos mais perto do sucesso". Ao ser chamado de gênio, comentou: "Gênio, eu? O segredo está apenas em trabalhar de forma firme e árdua. O gênio é 1% de inspiração e 99% de transpiração".

Quando tinha 77 anos de idade, um incêndio destruiu todo o seu laboratório, e ele perdeu tudo que tinha conseguido até então [...]. Tão logo os bombeiros apagaram o fogo, Edison reuniu todos os seus colaboradores e disse: "É sempre possível tirar algo positivo de alguma tragédia. Acabamos de nos livrar de um monte de coisas velhas. Sobre as ruínas edificaremos mais e melhor!" Após dizer isso, tirou o casaco, enrolou-o para servir de almofada, debruçou-se sobre uma mesa e adormeceu.

[...] aos 80 anos começou a estudar Botânica e, após analisar milhares de plantas, descobriu um método de extrair borracha em quantidade muito maior.

Disponível em: <http://www.riovestibular.com.br/novosite/artigos_ler.php?id=1618>. (Acesso em 5 maio 2011).

LIBRARY OF CONGRESS/SCIENCE FACTION/CORBIS/LATINSTOCK

Thomas Alva Edison usa um Ditafone, um aparelho fonográfico que gravava a voz em cilindros de cera.

Vamos pesquisar

Pesquise sobre alguma personagem brasileira cuja história demonstre um grande poder de superação para atingir seus objetivos. Selecione imagens, curiosidades, informações a respeito da trajetória dessa personagem e depoimentos de pessoas que conviveram com ela.

Ampliando horizontes

Grande parte dos programas de TV trata os assuntos de maneira superficial e sensacionalista. A qualidade e a relevância dos temas abordados também são questionáveis. Após a leitura do texto a seguir, dê a sua opinião sobre as questões propostas.

Jovens de favelas cariocas criam canal de TV ecológico

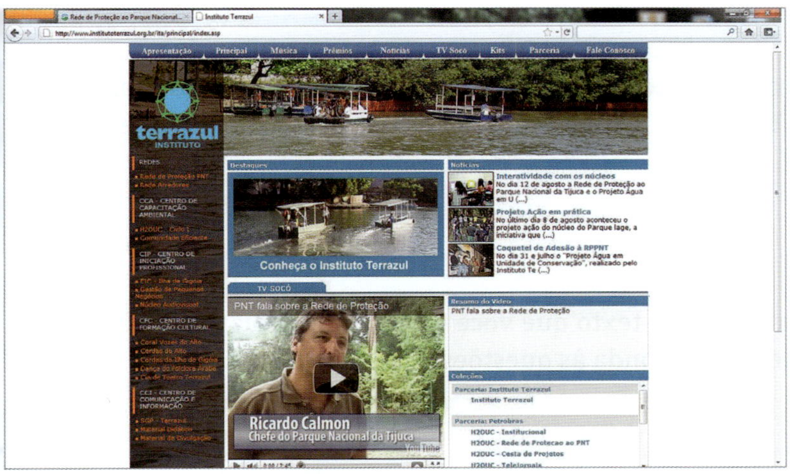

INSTITUTO TERRAZUL/WWW.INSTITUTOTERRAZUL.ORG.BR

Apesar da degradação ambiental que ameaça o Complexo Lagunar da Baixada de Jacarepaguá, o meio ambiente ainda é fonte de inspiração para jovens de comunidades da Zona Oeste do Rio. É o que prova a superlotação das oficinas de música, educação e comunicação ambiental oferecidas gratuitamente pelo Instituto Terrazul, na ilha da Gigoia, Barra da Tijuca.

Eles criaram até um canal de TV que aborda a questão socioambiental. A programação é toda feita pelos alunos.

Com câmeras na mão, muitas ideias na cabeça, vontade de cantar e algumas sementes no bolso, os 60 jovens aprendem a fazer hortas, produzir vídeos e ainda participam de um coral com temática ecológica. As oficinas reúnem moradores do local e de comunidades como Rocinha e Vila Canoas (em São Conrado), Rio das Pedras (em Jacarepaguá) e Morro do Banco (na Barra da Tijuca).

O canal de televisão é fruto da Oficina de Comunicação Ambiental. Foi batizado de TV Socó, em homenagem ao pássaro de mesmo nome que vive na região. O lançamento aconteceu em junho e, desde então, a programação já tratou de temas como meio ambiente, saúde e cultura. O canal, de número 41, foi cedido por uma empresa de TV a cabo e sua abrangência é a região da ilha da Gigoia e ilhas do entorno. A programação feita pelos jovens é veiculada às sextas e sábados, das 10h às 11h, e das 14h às 15h.

Moradora de Vargem Grande e responsável pela pauta do noticiário, Valdicéa da Silva Freitas, 20 anos, é das alunas mais engajadas. Ela conta que os temas abordados atendem às demandas da comunidade. "Já falamos do mau cheiro da lagoa da Tijuca, que pode ser sentido até na avenida das Américas em época de ressaca. Fizemos também um programa para falar da habitação e ocupação aqui na região, além de entrevistas sobre saneamento, entre outras coisas importantes", conta. [...]

ESTRADA, Júlia Duque. In: <http://www1.folha.uol.com.br/folha/dimenstein/comunidade/gd200804>.htm>.

1. Você acha que a produção cultural "de qualidade" só pode ser entendida pela elite intelectual?

2. Na sua opinião, os jovens participam da programação de TV? Justifique sua resposta.

3. O que você pensa da iniciativa do canal de TV ecológico feito pelos jovens do texto?

4. Dê três exemplos de programas de televisão que você considera de má qualidade.

5. O que diferencia os bons programas dos maus?

Vamos escrever

Organize todas as informações possíveis da sua pesquisa e construa um texto em forma de reportagem. Em classe, discuta como foi sua pesquisa e leia seu texto para os colegas.

Autoavaliação e reescrita

Agora faça uma leitura crítica do texto que você produziu. Depois, troque sua produção com a do seu colega e responda às questões:

sim	não	
☐	☐	Foi feita pesquisa de acordo com as características da reportagem?
☐	☐	O lide está completo?
☐	☐	Os fatos foram expostos com rigor e objetividade?
☐	☐	O tema foi explorado convenientemente, isto é, os fatos estão relatados com clareza?
☐	☐	A reportagem leva o leitor a conhecer aspectos novos sobre o assunto?
☐	☐	O texto tem um começo atrativo e um desenvolvimento interessante?

Unidade 6

A CRÍTICA NO TEXTO HUMORÍSTICO

- **FOCO:** o humor e o riso como estratégias discursivas.
- **GÊNEROS:** a crônica humorística e a charge.
- **PRÁTICAS DE LINGUAGEM:** formação do período composto; sinonímia; discurso indireto livre.

VAMOS LER 1

Escritor, jornalista, humorista e dramaturgo, **Carlos Eduardo Novaes** fez da literatura sua atividade principal, tendo publicado 42 livros dos mais diferentes gêneros – contos, crônicas, ensaios e romances. Antes de se firmar na carreira, desenvolveu várias atividades: formou-se em Direito, foi dono de uma dedetizadora e sócio de uma fábrica de sorvetes na Bahia. Iniciou a trajetória jornalística em 1968 no diário *Última Hora*, e dois anos depois ingressou no *Jornal do Brasil* como redator da editoria de esportes. Em 1994, publicou pela editora Ática seu livro de maior sucesso até hoje, *O menino sem imaginação*.

THEO/ARQUIVO DA EDITORA

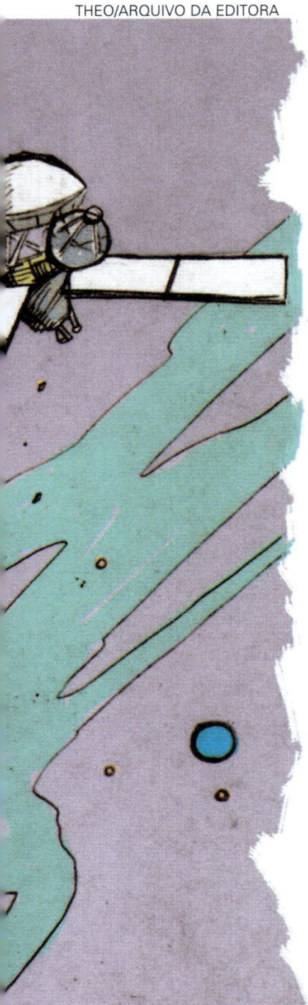

Kni e Giv

VEJA COMO O HUMOR EXPLORA A SUTILEZA DOS SIGNIFICADOS E DOS CONCEITOS QUE FAZEMOS DAS PESSOAS E DA REALIDADE EM QUE VIVEMOS.

Desde que a nave espacial Viking *amartissou* (é isso mesmo?) Juvenal Ouriço e o Boca não descolam o ouvido do rádio [...]. Juvenal aguarda com a maior ansiedade a notícia de que há vida em Marte. E afirma que quando a informação chegar vai dar uma festa. Causa-lhe uma profunda ansiedade a ideia de que "nós, terráqueos, somos os únicos seres viventes em trânsito pela Via Láctea".

— Já imaginou a sensação de solidão universal? — diz arregalando os olhos. — Eu já não gosto de me sentir só nem em casa, que dirá no planeta?

Haverá vida em Marte? Tudo indica que sim, pois ao mesmo tempo que enviamos daqui a Viking, os marcianos mandavam de lá a nave Gnikiv, movidos pela mesma curiosidade: haverá vida na Terra? [...] A Viking viaja por instrumentos. A Gnikiv, porém, traz dois cosmonautas a bordo: Kni e Giv. Quando Kni olhou pela escotilha e viu a nossa nave passando, berrou para o companheiro: "Ei, Giv, olhe. Que é aquilo? Um disco voador?"

— Disco voador o quê, rapaz! Que mania a sua de pensar que todo objeto que se

move no espaço é disco voador. Disco voador não existe.

— Pra mim existe. E lhe digo mais: é tripulado por seres da Terra.

— Duvido muito.

— Duvida por quê? Você não acha possível que exista uma civilização adiantada na Terra?

— Não sei nem se há vida na Terra.

— Claro que há. Pode não ser muito antiga, mas há. Alguns cientistas suspeitam de que a vida na Terra começou em 1945. Foi a partir dessa época que eles passaram a observar a formação de gigantescos cogumelos luminosos.

— Deixa de bobagem. Aquilo eram explosões provocadas pelo choque de meteoritos com a superfície do planeta.

— Então esse negócio que passou por aí veio de onde?

— Sei lá. Olha aí no mapa. Qual é a outra estação depois da Terra?

— Vênus.

— Vênus não deve ser. Tem outra?

— Tem Mercúrio, uma estaçãozinha pequena.

— Também não creio que seja de lá. E depois? Vem o quê?

— Depois acaba. Mercúrio é o fim da linha.

Os dois ainda discutiam a procedência da Viking quando a Gnikiv trepidou um pouco, perdeu altura e surgiu sobre o céu do Rio de Janeiro. Kni observou lá de cima e comentou com Giv: "Creio que nos distraímos e saímos da rota".

— É mesmo? Por que você diz isso?

— Está cheio de crateras lá embaixo. Acho que estamos sobrevoando a Lua.

Os dois tornaram a consultar os mapas, refizeram os cálculos e constataram surpresos que estavam realmente sobre a Terra.

"Engraçado" — disse Kni — "os nossos mapas estão todos errados, eu nunca soube que havia tanta cratera na Terra".

THEO/ARQUIVO DA EDITORA

— Quem sabe não são erupções vulcânicas que ocorreram após nossa saída de Marte?

— Não creio. Não daria tempo. É muita erupção pra pouca viagem. Você se esquece de que viemos praticamente ali da esquina. Foram apenas 384 milhões de quilômetros.

O módulo da Viking amartissou, auxiliado por três foguetes e um paraquedas, em 3h20min. A Gnikiv demorou menos. Pouco mais de meia hora. Bem verdade que já nos movimentos finais a nave foi auxiliada em terra por dois crioulos que orientavam as manobras: "Dá ré, agora vira tudo pra direita, isso, chega um pouquinho à frente, tá bom aí". Os marcianos saltaram e um dos crioulos logo perguntou: "Posso tomar conta?"

A nave desceu num local ermo, próximo à Favela da Rocinha. Ao botar os pés na Terra, Giv farejou o ar, respirou fundo e observou: "Estou sentindo um cheirinho de nitrogênio".

— Eu também — disse Kni puxando ar — mas pra mim está misturado com oxigênio. E se você respirar na direção do vento ainda vai sentir um leve aroma de argônio. Sentiu?

— Senti. Acho que com essa composição é muito difícil haver vida na Terra.

[...] Os marcianos estranharam o calor. Um crioulo ao lado sorriu e disse: "Os senhores não são os primeiros, tudo quanto é gringo reclama do nosso calor". Kni virou-se para o crioulo e foi direto ao assunto: "Será que você pode nos informar se existe vida na Terra?" O crioulo pensou alguns segundos, encavalou o lábio inferior no superior e balançou a cabeça negativamente: "Não sei não senhor".

— Ele não sabe de nada — aparteou o outro crioulo — é completamente analfabeto.

— E você sabe? Sabe se existe vida na Terra?

— Eu? — perguntou o outro crioulo que era meio folgado. — Eu acho que não tem não, mas não posso dar certeza.

Explicou que estava começando o Mobral agora, mas "se os senhores quiserem a gente pode perguntar ao meu irmão que tem algum estudo". Os três iniciaram então uma caminhada pelo atalho (o outro crioulo ficou tomando conta da nave) até o barraco.

Enquanto andavam, Kni e Giv assediavam o crioulo com perguntas: "Você sabe se há mais alguma coisa no ar, aqui, além de nitrogênio, oxigênio e argônio?"

— Não sei dizer não senhor. Dizem que há muita poluição mas eu mesmo nunca vi.

— E de que é a camada que cobre a superfície da Terra?

— De que é? De asfalto.

— Isso que nós estamos pisando é asfalto?

— Não senhor. Aqui é terra.

— Que é a Terra eu sei. Vocês são quantos aqui?

— Na Rocinha?

— Não. Na Terra.

— Toda? — perguntou o crioulo fazendo uma bola com os braços. — Não sei não senhor, mas deve ser mais de 2 milhões. Os três chegaram até o barraco. O crioulo apresentou aquelas figuras (cada um imagina o seu marciano como quiser) ao irmão explicando antes que "estes senhores acabaram de chegar de... de onde mesmo? Nevoer quê?"

— Não. Nós viemos de Marte.

— Pois é — prosseguiu o crioulo na maior tranquilidade, provavelmente imaginando que Marte ficasse ali depois de Nova Iguaçu — esses senhores chegaram de Marte e estão querendo saber se existe vida na Terra. Eu não soube responder. Você sabe?

— Bem — disse o irmão do crioulo meio indeciso — eu acho que existe.

— De que forma? — perguntou Kni. — São moléculas?

— Isso eu não sei.

— Claro que são — intrometeu-se o crioulo folgado. — Eu me lembro de quando era garoto as pessoas chegavam pra mim e diziam: "Não faça isso, seu molécula".

Kni e Giv se entreolharam e cheios de dúvidas pediram maiores explicações ao irmão do crioulo. Os quatro sentaram-se em volta de uma mesa (uma mesa de dois pés). O irmão do crioulo, então, foi desfiando toda a sua existência, desde o dia em que nasceu naquele mesmo barraco. Ao terminar, Kni, incrédulo, perguntou-lhe: "Isso que você acabou de contar: é essa a vida que existe na Terra?" O irmão do crioulo disse que sim.

— Não. Não é possível — disse Kni. — Você está brincando. Isso não é vida.

Os dois saíram. Voltaram à nave e de lá informaram a Marte que não havia vida na Terra.

NOVAES, Carlos Eduardo et al. *Para gostar de ler*: crônicas. 3. ed. São Paulo: Ática, 1982. v. 7.

ILUSTRAÇÕES: THEO/ARQUIVO DA EDITORA

Folgado:
livre de tarefas, de deveres; descansado.

Folgado:
Regionalismo.
Que ou aquele que é muito confiado; atrevido, metido.

Vamos **entender** o texto

Antes de fazer as atividades propostas a seguir, leia o quadro abaixo.

O HUMOR NA CRÔNICA

Uma das características da crônica refere-se ao contexto histórico em que ela surge. Como numa notícia, o objeto da crônica é a realidade cotidiana, pois é dela que o escritor extrai seus temas.

A notícia na crônica pode ser contada de diferentes modos, dependendo do enfoque e do estilo do escritor. Um desses modos é o humor. No âmbito do texto, a função do humor é propor, dadas as situações apresentadas, um enigma ao leitor. Ao se associarem as partes do enigma, características particulares são evidenciadas sempre conforme o ponto de vista do escritor e o contexto a que ele se refere e em que se insere. Assim, o tempo da narrativa é fundamental para se perceberem as nuanças da crítica e a graça do humor, como forma de amenizar o aspecto grotesco de uma situação apresentada.

1. A crônica *Kni e Giv* é um misto de realidade e fantasia. O texto é composto de dados históricos e de ficção. De acordo com o primeiro parágrafo, qual era a notícia da época em que o texto foi escrito?

2. Leia o quadro abaixo:

O **pretérito imperfeito** designa um fato passado, mas não concluído. Expressa ideia de continuidade, de duração do processo verbal mais acentuada do que os outros tempos pretéritos. Por expressar um fato inacabado, impreciso, em contínua realização na linha do passado para o presente, o imperfeito é usado especialmente para descrições e narrações em contos, lendas, fábulas, etc.

Observe a conjugação dos verbos destacados:

Haverá vida em Marte? Tudo indica que sim, pois ao mesmo tempo que **enviamos** daqui a Viking, os marcianos **mandavam** de lá a nave Gnikiv, movidos pela mesma curiosidade: haverá vida na Terra?

Agora, responda: por que o verbo mandar está num tempo diferente em relação ao verbo enviar?

3. **Observe o diálogo entre as personagens:**

THEO/ARQUIVO DA EDITORA

[...] "Ei, Giv, olhe. Que é aquilo? Um disco voador?"

— Disco voador o quê, rapaz! Que mania a sua de pensar que todo objeto que se move no espaço é disco voador. Disco voador não existe.

— Pra mim existe. E lhe digo mais: é tripulado por seres da Terra.

— Duvido muito.

— Duvida por quê? Você não acha possível que exista uma civilização adiantada na Terra?

— Não sei nem se há vida na Terra.

Como o autor procede para criar uma situação de familiaridade no diálogo dos marcianos e despertar a curiosidade do leitor? Que efeito esse recurso dá à narrativa?

4. **Kni e Giv discutem se há vida na Terra. Cada um interpreta de uma forma o tema: o primeiro fala sobre *formação de gigantescos cogumelos luminosos*; o outro, de *explosões provocadas pelo choque de meteoritos*. Para sabermos a que os marcianos se referem, há uma pista dada ao leitor. Que pista é essa?**

5. **Ao citarem o ano de 1945, que momento histórico os marcianos discutem? Monte um pequeno texto corrigindo e explicando a natureza do erro dos marcianos.**

6. **Ao sobrevoar o Rio de Janeiro, os marcianos pensam que estão na Lua. Por que os marcianos se confundem? Comente o diálogo deles a partir do significado da palavra *cratera*.**

> **Cratera**: 1. Abertura, quase sempre circular, de um vulcão ativo ou extinto; a boca do vulcão por onde expele ou expeliu lava e gases. 2. Buraco, cova resultante da explosão de granada ou de mina. 3. Qualquer abertura significativa, encontrada em uma superfície. 4. Local no qual alguma coisa anda fervilhando.

HOUAISS, Antônio. *Dicionário eletrônico Houaiss da língua portuguesa*. São Paulo: Objetiva, 2009.

7. **Considerando-se a época em que o texto foi escrito, que crítica o autor do texto faz ao falar das crateras?**

8. **Antes de responder à questão, leia o trecho e os quadros a seguir:**

[...] Bem verdade que já nos movimentos finais a nave foi auxiliada em terra por dois crioulos que orientavam as manobras: "Dá ré, agora vira tudo pra direita, isso, chega um pouquinho à frente, tá bom aí". Os marcianos saltaram e um dos crioulos logo perguntou: "Posso tomar conta?"

> **Crioulo**. 1. Que ou o que se origina de determinado lugar, região, estado. 2. Natural de uma região.

HOUAISS, Antônio. *Dicionário eletrônico Houaiss da língua portuguesa*. São Paulo: Objetiva, 2009.

> **Gringo**. 1. Qualquer indivíduo estrangeiro, residente em ou de passagem pelo país. 2. Indivíduo estrangeiro, especialmente quando louro ou ruivo, diferente do padrão mais encontradiço no país.

HOUAISS, Antônio. *Dicionário eletrônico Houaiss da língua portuguesa*. São Paulo: Objetiva, 2009.

A quem o narrador se refere ao dizer crioulos e onde são comuns as frases dessas personagens?

9. **Qual é a situação engraçada da cena? Por que os marcianos são chamados de gringos?**

10. **Os marcianos descem da nave e comentam:**

THEO/ARQUIVO DA EDITORA

[...] "Estou sentindo um cheirinho de nitrogênio".

— Eu também [...] mas pra mim está misturado com oxigênio. E se você respirar na direção do vento ainda vai sentir um leve aroma de argônio. Sentiu?

— Senti. Acho que com essa composição é muito difícil haver vida na Terra.

Por que eles pensam isso? Para responder à questão, considere o local onde eles descem.

11. **Além de não reconhecerem os marcianos, as duas personagens não conseguem responder se há vida na Terra. Qual é a dificuldade que eles têm? Responda utilizando exemplos do texto.**

12. **Quando o marciano pergunta se a forma de vida na Terra é a molécula, uma personagem não sabe responder, e a outra responde:**

— Claro que são [...] — Eu me lembro de quando era garoto as pessoas chegavam pra mim e diziam: "Não faça isso, seu molécula".

Qual é o problema de interpretação que ocorre?

13. **Por que os marcianos ficam incrédulos e ao retornarem à nave informam que não há vida na Terra?**

14. **Como poderia ser interpretada a crítica do escritor a partir da notícia que motivou a crônica humorística? Responda à questão, enumerando os problemas que o autor apresenta ao longo da crônica para fazer a crítica.**

THEO/ARQUIVO DA EDITORA

Práticas de linguagem

1. Transforme os períodos compostos em períodos simples. A partir da conjunção destacada, indique a relação de dependência (ideia) entre os períodos. Siga os exemplos:

Depois que terminou o discurso, sentou-se aliviado.
O discurso terminou. + Sentou-se aliviado. = ideia de tempo

À medida que avançavam, iam penetrando no coração da mata.
Avançavam. + Iam penetrando no coração da mata. = ideia de proporcionalidade

Tenho certeza **de que** ninguém ouviu minha resposta.
Tenho certeza. + Ninguém ouviu minha resposta. = ideia de complementaridade

A. "**Desde que** a nave espacial Viking *amartissou* [...] Juvenal Ouriço e o Boca não descolam o ouvido do rádio [...]."

B. "Juvenal aguarda com a maior ansiedade a notícia **de que** há vida em Marte."

C. "E [Juvenal] afirma que **quando** a informação chegar vai dar uma festa."

D. "Causa-lhe uma profunda ansiedade a ideia **de que** 'nós, terráqueos, somos os únicos seres viventes em trânsito pela Via Láctea'."

E. "[...] Enquanto andavam, Kni e Giv assediavam o crioulo com perguntas [...]."

O sentido das palavras

2. Pesquise o sentido das palavras e expressões assinaladas nas frases. Em seguida, reconstrua as mesmas frases, a partir do sinônimo.

A. "[...] Juvenal Ouriço e o Boca não **descolam** o ouvido do rádio [...]."

B. "[...] os marcianos mandavam de lá a nave Gnikiv, **movidos** pela mesma curiosidade [...]."

C. "Alguns cientistas **suspeitam** de que a vida na Terra começou em 1945."

D. "Foi a partir dessa época que eles **passaram** a observar a formação de gigantescos cogumelos luminosos."

E. "[...] Os dois ainda discutiam a **procedência** da Viking quando a Gnikiv trepidou um pouco, perdeu altura e **surgiu** sobre o céu do Rio de Janeiro. [...]"

F. "— Então esse **negócio** que passou por aí veio de onde?"

G. "'[...] tudo quanto é **gringo** reclama do nosso calor'."

Conexão com Astronomia

Programa Viking da NASA

O Programa Viking da NASA consistia de um par de sondas espaciais enviadas a Marte, a Viking 1 e a Viking 2. Cada veículo era composto de duas partes principais, uma nave projetada para fotografar a superfície de Marte a partir da órbita e uma sonda projetada para estudar o planeta a partir da superfície. As sondas também serviriam como centros de retransmissão com a Terra quando chegassem a Marte.

Foi a missão mais cara e ambiciosa até então a Marte. Muito bem-sucedida, formou a maior parte do banco de dados de informações sobre Marte até o fim dos anos 1990 e início de 2000. A Viking 1 foi lançada em 20 de agosto de 1975, e a segunda espaçonave, a Viking 2, foi lançada em 9 de setembro de 1975.

Disponível em: <http://en.wikipedia.org/wiki/viking-program>texto traduzido. Acesso 04/07/2001.

JET PROPULSION LABORATORY/NASA

Espaçonave Viking 1.
<http://pt.wikipedia.org/wiki/Programa_Viking>.

PROJETO VIKING/NASA

Insígnia do Programa Viking
http://pt.wikipedia.org/wiki/Programa_Viking

Vamos conversar

O autor do texto *Kni e Giv* critica, por meio do humor, uma realidade da maioria das cidades brasileiras: falta de infraestrutura para a segurança e o bem-estar das pessoas. Outro aspecto da crítica refere-se à educação. A certa altura, uma das personagens diz que está fazendo o Mobral, sigla do Movimento Brasileiro de Alfabetização, projeto criado pelo regime militar em 15 de dezembro de 1967 para alfabetizar as pessoas acima da idade escolar.

Em vista disso, reúna-se com seu grupo e discuta as questões propostas. Depois, o grupo escolhe os relatores que apresentarão uma síntese oral da discussão para a classe.

1. Quando chegam a Terra, os marcianos pensam que estão na Lua por causa da topografia. Qual foi a intenção do escritor ao fazer essa comparação?

2. As duas personagens que *orientam* os marcianos na descida da nave representam as pessoas que vivem desse tipo de trabalho em cidades grandes. Como essa questão é apresentada no texto pelo autor?

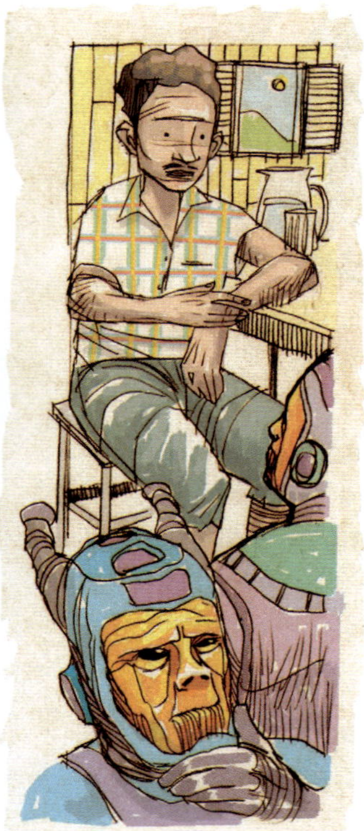
THEO/ARQUIVO DA EDITORA

3. No fim da crônica, o narrador diz:

[...] O irmão do crioulo, então, foi desfiando toda a sua existência, desde o dia em que nasceu naquele mesmo barraco. Ao terminar, Kni, incrédulo, perguntou-lhe: "Isso que você acabou de contar: é essa a vida que existe na Terra?" [...]

A que vida a personagem se refere? Qual é a crítica do escritor?

4. Você acredita que um movimento de alfabetização, como foi o caso do Mobral, é uma ação efetiva para tirar as pessoas das situações de risco em que vivem, como as apresentadas no contexto da crônica? Por quê?

Vamos escrever com esquema

O esquema proposto a seguir vai ajudá-lo a produzir o seu próximo texto. Complete-o com o maior número possível de detalhes, pois assim conseguirá desenvolver uma narrativa divertida e bem estruturada.

1. Escreva aqui uma piada que você acha bem engraçada. Ela servirá de base para o seu texto.

2. Quem são as personagens? Identifique-as e caracterize-as.

3. Onde ocorrem os fatos? Descreva o local.

Vamos escrever

Tendo por base as respostas dadas por você na atividade anterior, crie um texto cômico. Você pode escrevê-lo em 1ª ou em 3ª pessoa. Não se esqueça de:

- criar um título para o seu texto;
- definir o objetivo da personagem central;
- definir os obstáculos encontrados pela personagem;
- definir ao final da narrativa se a personagem atingiu ou não seu objetivo.

Escreva sua redação no caderno ou em uma folha avulsa e entregue-a ao professor quando ele pedir.

VAMOS LER 2

Eduardo dos Reis Evangelista, **Duke**, nasceu em 1973, em Belo Horizonte (MG). É formado em cinema de animação pela Escola de Belas Artes da UFMG. Assina as charges diárias dos jornais *O Tempo* e *Super Notícia*. Também é editor da página de jogos e diversão do suplemento infantil *Tempinho* e da página de quadrinhos, jogos e entretenimento *Supimpa*. Colabora com a revista *CNT, Transporte Atual*, publicando cartuns. Em 2009, recebeu o troféu HQMIX como melhor cartunista brasileiro de 2008. É um dos organizadores do BH Humor, salão internacional de humor gráfico de Belo Horizonte.

DUKE/ACERVO DO ARTISTA

Disponível em: <http://zeccabrandao.multiply.com/photos/album/47#photo=7.JPG>. (Acesso em 11 maio 2011).

Vamos **entender** o texto

Antes de fazer as atividades propostas a seguir, leia o quadro abaixo.

A CHARGE E O HUMOR

Termo de origem francesa, a **charge** é uma ilustração que visa exagerar traços de alguma personagem em evidência ou de algum fato geralmente relacionado a questões políticas. Trata-se de uma crítica contundente na medida em que amplia uma notícia, podendo dar-lhe um aspecto tanto grotesco quanto humorístico. Essa forma de ilustração ou de caricatura oferece às pessoas um olhar mais esclarecedor sobre a notícia. No entanto, para que o humor e a crítica da charge sejam percebidos, é importante conhecer o momento histórico a que ela se refere.

1. **A charge mostra duas pessoas conversando sobre as manchetes de alguns jornais numa banca. Uma delas diz:**

Bons tempos aqueles em que só ouvíamos falar em quadrilha nas festas típicas do mês de junho!

Por que a personagem diz isso?

2. Segundo o texto, quais são os dois significados do termo quadrilha? Pesquise um dicionário caso seja necessário.

3. Que relação pode ser feita entre o que a personagem diz e as manchetes dos jornais?

4. A característica da charge é evidenciar ou ampliar as notícias de um determinado momento histórico. Qual é a crítica que o autor faz?

5. **Observe os termos destacados das manchetes:**

Quadrilha **dos correios**; Quadrilha **de deputados** pedia propina; Quadrilha fraudava **concurso**; Quadrilha desmata **Amazônia**.

Nas manchetes, o termo *quadrilha* diz respeito a pessoas, locais e instituições. Complete o quadro, relacionando as pessoas ao órgão ou à instituição que representam:

PESSOAS	ÓRGÃO OU INSTITUIÇÃO (OU LUGAR)
	correios
deputados	
	concurso (de órgão público)
	Amazônia

6. **Comente o aspecto grotesco e humorístico da charge.**

7. **Como o riso na charge pode despertar o senso crítico do leitor?**

THEO/ARQUIVO DA EDITORA

Práticas de linguagem

Antes de fazer o exercício, leia o quadro.

Discurso indireto livre

O discurso indireto livre é construído combinando-se o discurso direto com o indireto. Observe:

Discurso direto – A fala da personagem está separada da fala do narrador:

O rapaz olhava ao redor, matutava sobre a mudança, e dizia ao avô:

— *O sítio precisa de reparos urgentes!*

Discurso indireto – A fala da personagem está embutida na fala do narrador:

O rapaz olhava ao redor e *dizia ao avô, enquanto matutava sobre a mudança, que o sítio precisava de reparos urgentes.*

Discurso indireto livre – A fala da personagem está embutida na fala do narrador, mas sem o uso de verbos *dicendi* (que indicam a fala):

O rapaz olhava ao redor, com o avô, enquanto matutava sobre a mudança. *O sítio precisa de reparos urgentes!*

Veja neste modelo como passar uma frase do discurso direto para o discurso indireto livre:

O gerente vê o mascarado caminhar em direção ao caixa da Carminha e diz:

— Oh, não, a Carminha está grávida de quatro meses!

O gerente vê o mascarado caminhar em direção ao caixa da Carminha. Oh, não, a Carminha está grávida de quatro meses!

Passe as frases a seguir do discurso direto para o discurso indireto livre, conforme o modelo dado.

A. O técnico estava preocupado com o desempenho da equipe e desabafou:

— Precisam treinar mais! O campeonato começa semana que vem!

B. A vizinha observou o homem cavoucar toda a terra do jardim e decidiu não questioná-lo, dizendo para si mesma:

— Isso é da conta dele.

C. Enquanto passeava com a amiga na praça, via os mesmos rostos de sempre, e falou:

— Gostaria de viajar mais, conhecer outros lugares.

D. Zorro assobiou do telhado, e o cavalo não aparecia. Disse ansioso:

— Vamos logo! Se os soldados aparecerem, estamos fritos!

Vamos **relacionar** os textos

Os dois textos lidos nesta unidade são cômicos e contêm críticas.

Na crônica *Kni e Giv*, a crítica dirige-se às autoridades da cidade do Rio de Janeiro; está relacionada à infraestrutura da cidade e ao descaso dessas mesmas autoridades quanto ao bem-estar das pessoas daquele local.

Na charge, a crítica tem como alvo as instituições públicas do país e a falta de impunidade que aumenta os casos de quadrilhas em vários setores da sociedade brasileira.

1. Na sua opinião, essas duas formas de humor são válidas? Por quê?

2. O humor é uma forma inteligente de criticar algo ou alguém? Justifique.

3. Para você, existem situações ou pessoas que jamais deveriam ser apresentadas como assunto de piadas e de textos humorísticos? Por quê?

THEO/ARQUIVO DA EDITORA

Conexão com Jornalismo

Jornal *O Pasquim*: porta-voz da indignação social brasileira

O Pasquim foi um semanário brasileiro editado entre 26 de junho de 1969 e 11 de novembro de 1991, reconhecido por seu papel de oposição ao regime militar.

De uma tiragem inicial de 20 mil exemplares, que a princípio parecia exagerada, o semanário atingiu a marca de mais de 200 mil em seu auge, em meados dos anos 1970, se tornando um dos maiores fenômenos do mercado editorial brasileiro.

JORNAL O PASQUIM/ARQUIVO DA EDITORA

Capa da edição do jornal *O Pasquim*, de novembro de 1969, que foi totalmente censurada.

[...] *O Pasquim* foi se tornando mais politizado à medida que aumentava a repressão da ditadura, principalmente após a promulgação do repressivo ato AI-5. *O Pasquim* passou então a ser porta-voz da indignação social brasileira.

O projeto nasceu no fim de 1968, após uma reunião entre o cartunista Jaguar e os jornalistas Tarso de Castro e Sérgio Cabral. [...] O nome, que significa "jornal difamador, folheto injurioso", foi sugestão de Jaguar. [...] Com o tempo figuras de destaque na imprensa brasileira, como Ziraldo, Millôr, Prósperi, Claudius e Fortuna, se juntaram ao time, e a primeira edição finalmente saiu em 26 de junho de 1969.

Além de um grupo fixo de jornalistas, a publicação contava com a colaboração de nomes como Henfil, Paulo Francis, Ivan Lessa, Carlos Leonam e Sérgio Augusto, e também dos colaboradores eventuais Ruy Castro e Fausto Wolff. Como símbolo do jornal foi criado o ratinho Sig (de Sigmund Freud), desenhado por Jaguar, [...].

Disponível em: <http://pt.wikipedia.org/wiki/O_Pasquim>. (Acesso em 11 maio 2011).

Vamos pesquisar

Nesta unidade, você teve a oportunidade de ler dois textos divertidos. Criar textos engraçados e saber contá-los oralmente não é tarefa fácil.

O objetivo desta atividade é fazer com que você pesquise e encontre um texto de humor ou uma boa piada para contar a seus colegas.

Anote ou faça um resumo do que vai contar a seus colegas e treine bastante para que sua apresentação também seja engraçada.

Ortografia
Uso de
E/I e O/U

Vejamos algumas regrinhas básicas para o emprego do *e* e do *i*:

Verbos terminados em *-uar*

Escrevem-se com *e* no final, na 1ª, 2ª e 3ª pessoas do singular do presente do subjuntivo e na 3ª pessoa do singular do imperativo afirmativo.

Espero que eu me habitu**e** com tudo isso. (habituar)

Desejo que tu cultu**e**s esse teu gosto por música. (cultuar)

Quero que você continu**e** sua pesquisa. (continuar)

Pontu**e** corretamente seu texto. (pontuar)

Verbos terminados em *-oar*

Escrevem-se com *e* no final, na 1ª, 2ª e 3ª pessoas do singular do presente do subjuntivo e na 3ª pessoa do singular do imperativo afirmativo.

Você não quer que eu me mago**e**, mas diz coisas tão tristes! (magoar)

Espero que tu me perdo**e**s não ter comparecido à tua festa. (perdoar)

Ele pede que você do**e** essas roupas velhas. (doar)

Co**e** rápido o café, por favor. (coar)

Verbos terminados em *-uir*

Escrevem-se com *i* no final, na 2ª e 3ª pessoas do singular do presente do indicativo e na 2ª pessoa do singular do imperativo afirmativo.

Tu possuis um belo cavalo. (possuir)

O mercúrio polui as águas dos rios. (poluir)

Retribui tu o presente. (retribuir)

■ Algumas palavras escritas com *e*/*i*

ESCREVEM-SE COM *E*	ESCREVEM-SE COM *I*
arrepiar	criar (e derivados)
destilar (e derivados)	crânio
disenteria	inigualável
empecilho	meritíssimo
encarnar	privilégio
sequer	pátio

■ Algumas palavras escritas com *o*/*u*

ESCREVEM-SE COM *O*		ESCREVEM-SE COM *U*	
bússola	capoeira	bueiro	buliçoso
focinho	goela	chuvisco	embutir
mágoa	polir	jabuti	jabuticaba
polenta	poleiro	míngua	tábua
tossir		tabuada	

1. Complete as lacunas com *e* ou *i*. Se tiver dúvidas, consulte um dicionário.

A. À medida que avançamos para o sul do Brasil, a temperatura diminu______.

B. É bom que ele se habitu______ a ler bons autores.

C. Havia um lindo canteiro de orquíd______ as no pát______o da escola.

D. Todo livro possu______ um front______spício.

E. Tive o pr______vilégio de conviver com os indíg______nas.

F. Continu______ pela direita que você logo chegará ao c______mitério.

G. É da natureza da criança ser irr_______quieta.

H. Os aboríg_______nes da Austrália participaram da abertura das Olimpíadas de Sydney.

I. O glad_______ador usou de todas as art_______manhas para vencer a luta, mas caiu ferido no ant_______braço e não pôde mais d_______gladiar.

J. Quando chovia, da janela eu ficava espiando a cume_______ira da casa do vizinho.

K. Deus o abenço_______.

L. Um dos requ_______sitos para se tornar jornalista é ter boa redação.

2. Agora, complete com *o* ou *u*.

A. Começava a ch_______viscar quando o m_______leque chegou com as jab_______ticabas.

B. O cam_______ndongo caseiro é comum em todas as regiões habitadas do Brasil.

C. A pia da cozinha amanheceu ent_______pida.

D. Houve muito reb_______liço na plateia quando o cantor apareceu no palco.

E. Sua saúde melhorou depois que ele ab_______liu o cigarro.

F. A búss_______la foi uma das grandes invenções da Idade Moderna.

G. Ela nunca foi de eng_______lir mág_______a.

H. A _______rtiga é uma planta cujas folhas são cobertas de pelos finos, os quais, em contato com a pele, produzem um ardor irritante.

Ampliando horizontes

O HUMOR PODE SER UMA BOA SAÍDA PARA ENCARAR AS MAZELAS DO COTIDIANO. E É TAMBÉM UM JEITO POSITIVO DE REALIZAR A CRÍTICA DE SITUAÇÕES QUESTIONÁVEIS, LEVANDO AS PESSOAS A PENSAR SOBRE O ASSUNTO E ATÉ A MUDAR SEUS PONTOS DE VISTA E ATITUDES.
VEJA COMO O ESCRITOR JOÃO UBALDO RIBEIRO ABORDA, DE MANEIRA ENGRAÇADA, AS DIFICULDADES DE UM USUÁRIO DE COMPUTADORES.

Enfrentando a vida

Demora, demora, mas nós vamos ficando modernos. Não faz tanto tempo assim, era possível viver sem assessoria. Claro, sempre houve amigos a quem pedir conselhos, exemplos a imitar e o prato pedido pelo vizinho de mesa no restaurante para a gente invejar e encomendar a mesma coisa, não esquecendo os comparativamente recentes psicanalistas. Mas, de modo geral, levava-se a vida mais ou menos por conta própria, tanto pessoal quanto profissionalmente. Agora, porém, mudou tudo, receio que em definitivo. A começar, naturalmente, por este canalha que jornalistas e escritores são obrigados a suportar: o computador e seus penduricalhos. Manter um computador funcionando razoavelmente, já disse eu e reafirmo com convicção, dá mais trabalho do que seis famílias e gera mais estresse que ser piloto de provas de uma fábrica de aviões ugandense.

O computador devia ser um aparelho como outro qualquer, que a gente liga e faz funcionar, em alguns casos com alguns percalços de menor monta. Mas não é. Para tripular um computador, é necessário, como qualquer proprietário de um deles confirmará na hora, ter pelo menos um neto ou diversos sobrinhos insolentes juvenis ou contar com os serviços de um *personal trainer*. No meu caso, dependo abjetamente da formidanda Izabel, que um dia destes aparece aqui acompanhada de uma ambulância, pois não só é obrigada a encarar uma máquina informática de índole malevolente como a me prestar primeiros socorros, nas muitas ocasiões em que me vejo presa de exasperação terminal, enquanto ela peleja por recuperar o miserável para uma existência minimamente prestante. É de arrasar os nervos de um praticante de *bungee jump*. Uma hora destas não sobrevivo e estou seguro de que meus dias neste vale de lágrimas já foram severamente encurtados pelo computador. [...]

RIBEIRO, João Ubaldo. *O Estado de S. Paulo*, 2 abr. 2000.

THEO/ARQUIVO DA EDITORA

O texto *Enfrentando a vida* mostra as dificuldades que temos com as invenções dos tempos modernos, especialmente com os computadores.

1. Dê a sua opinião sobre o uso de computadores. Você também pensa como João Ubaldo Ribeiro?

2. Comente os pontos positivos e os negativos do uso do computador para você.

Vamos escrever

Pesquise num jornal de grande circulação alguma notícia que possa servir de tema para uma crônica humorística ou uma charge.

Verifique se a notícia contém os elementos necessários para ser criado o humor, isto é, o grotesco e o cômico.

Lembre-se de que o grotesco refere-se ao exagero que, por isso mesmo, acaba despertando o ridículo da situação ou o riso. O humor está relacionado não com a notícia, mas com a forma por meio da qual o artista vê e interpreta a realidade.

Após decidir quanto à notícia, imagine a situação que será abordada no texto; a partir daí faça um roteiro selecionando as palavras adequadas para criar um clima propício à crítica humorística que será montada.

- Se você fizer uma crônica, não se esqueça de colocar, logo no início, a notícia a fim de situar o leitor quanto ao tema a ser tratado.
- Se for uma charge, lembre-se de caracterizar bem a(s) personagem(ns) e a circunstância em que os fatos ocorrem.

Autoavaliação e reescrita

Agora faça uma leitura crítica do texto que você produziu, respondendo às questões:

sim	não	
☐	☐	A crônica parte de alguma notícia ou evento importante?
☐	☐	Há a presença do grotesco e do cômico na crítica?
☐	☐	As personagens e as palavras selecionadas refletem bem a realidade observada pelo narrador?
☐	☐	Ao causar o riso, a crônica/a charge faz o leitor refletir sobre a realidade a que o texto se refere?
☐	☐	Em se tratando da charge, há adequação entre tema e cenário?

Unidade **7**

A CRÍTICA EM TEXTOS FICCIONAIS E POÉTICOS

- **FOCO:** a ficção como representação da realidade; a linguagem figurada; a crítica na ficção e no poema.
- **GÊNEROS:** crônica e poema.
- **PRÁTICAS DE LINGUAGEM:** orações subordinadas adverbiais; vocativo; coesão referencial; uso do verbo *caber*; regência verbal e nominal.

VAMOS LER 1

Ignácio de Loyola Brandão nasceu em Araraquara, no estado de São Paulo, em 1936. Estimulado por seu pai, que também gostava de escrever, lia muito desde pequeno. Lançou seu primeiro livro de contos, *Depois do sol*, em 1965. Escreveu vários livros retratando a situação política dos anos 1970 e 1980, como *Zero* (1975), *Não verás país nenhum* (1981) e *O verde violentou o muro* (1984). Incursionou também pela literatura infantojuvenil, com os romances *O menino que não teve medo do medo* (1995) e *O homem que espalhou o deserto* (1989). Seus livros foram traduzidos para várias línguas. Divide a carreira de escritor com a de editor da revista *Vogue*.

O homem que espalhou o *deserto*

NESTA UNIDADE, VOCÊ VAI ENCONTRAR TEXTOS QUE FAZEM CRÍTICAS À REALIDADE QUE NOS RODEIA. NESTA PRIMEIRA LEITURA, VEJA COMO UM CONTO PODE SER VEÍCULO DE CRÍTICA.

Quando menino, costumava apanhar a tesoura da mãe e ia para o quintal, cortando folhas das árvores. Havia mangueiras, abacateiros, ameixeiras, pessegueiros e até mesmo jabuticabeiras. Um quintal enorme, que parecia uma chácara e onde o menino passava o dia cortando folhas. A mãe gostava, assim ele não ia para a rua, não andava em más companhias. E sempre que o menino apanhava o seu caminhão de madeira (naquele tempo, ainda não havia os caminhões de plástico,

SABRINA ERAS/ARQUIVO DA EDITORA

SABRINA ERAS/ARQUIVO DA EDITORA

felizmente) e cruzava o portão, a mãe corria com a tesoura: tome, filhinho, venha brincar com as suas folhas. Ele voltava e cortava. As árvores levavam vantagem, porque eram imensas e o menino pequeno. O seu trabalho rendia pouco, apesar do dia a dia constante, de manhã à noite.

Mas o menino cresceu, ganhou tesouras maiores. Parecia determinado, à medida que o tempo passava, a acabar com as folhas todas. Dominado por uma estranha impulsão, ele não queria ir à escola, não queria ir ao cinema, não tinha namoradas ou amigos. Apenas tesouras, das mais diversas qualidades e tipos. Dormia com elas no quarto. À noite, com uma pedra de amolar, afiava bem os cortes, preparando-as para as tarefas do dia seguinte. Às vezes, deixava aberta a janela, para que o luar brilhasse nas tesouras polidas.

A mãe, muito contente, apesar de o filho detestar a escola e ir mal nas letras. Todavia, era um menino comportado, não saía de casa, não andava em más companhias, não se embriagava aos sábados como os outros meninos do quarteirão, não frequentava ruas suspeitas onde mulheres pintadas exageradamente se postavam às janelas, chamando os incautos. Seu único prazer eram as tesouras e o corte das folhas.

Só que, agora, ele era maior e as árvores começaram a perder. Ele demorou apenas uma semana para limpar a jabuticabeira. Quinze dias para a mangueira menor e vinte e cinco para a maior. Quarenta dias para o abacateiro que era imenso, tinha mais de cinquenta anos. E seis meses depois, quando concluiu, já a jabuticabeira tinha novas folhas e ele precisou recomeçar.

Certa noite, regressando do quintal agora silencioso, porque o desbastamento das árvores tinha afugentado pássaros e destruído ninhos, ele concluiu que de nada adiantaria podar as folhas. Elas se recomporiam sempre. É uma capacidade da natureza, morrer e reviver. Como o seu cérebro era diminuto, ele demorou meses para encontrar a solução: um machado.

Numa terça-feira, bem cedo, que não era de perder tempo, começou a derrubada do abacateiro. Levou dez dias, porque não estava habituado a manejar machados, as mãos calejaram, sangraram. Adquirida a prática, limpou o quintal e descansou aliviado.

Mas insatisfeito, porque agora passava os dias a olhar aquela desolação, ele saiu de machado em punho, para os arredores da cidade. Onde encontrava árvore, capões, matos, atacava, limpava, deixava os montes de lenha arrumadinhos para quem quisesse se servir. Os donos dos terrenos não se importavam, estavam em via de vendê-los para fábricas ou imobiliárias e precisavam de tudo limpo mesmo.

E o homem do machado descobriu que podia ganhar a vida com o seu instrumento. Onde quer que precisassem derrubar árvores, ele era chamado. Não parava. Contratou uma secretária para organizar uma agenda. Depois, auxiliares. Montou uma companhia, construiu edifícios para guardar machados, abrigar seus operários devastadores. Importou tratores e máquinas especializadas do estrangeiro. Mandou assistentes fazerem cursos nos Estados Unidos e Europa. Eles voltaram peritos de primeira linha. E trabalhavam, derrubavam. Foram do sul ao norte, não deixando nada em pé. Onde quer que houvesse uma folha verde, lá estava uma tesoura, um machado, um aparelho eletrônico para arrasar.

E enquanto ele ficava milionário, o país se transformava num deserto, terra calcinada. E então, o governo, para remediar, mandou buscar em Israel técnicos especializados em tornar férteis as terras do deserto. E os homens mandaram plantar árvores. E enquanto as árvores eram plantadas, o homem do machado ensinava ao filho a sua profissão.

BRANDÃO, Ignácio de Loyola. In: *Para gostar de ler*. São Paulo: Ática, 1983. v. 8, p. 42-4.

Vamos entender o texto

Antes de fazer as atividades propostas, leia o quadro abaixo.

A representação da realidade nos textos ficcionais

Uma vez que a ficção lida com uma linguagem conotativa ou figurada, não devemos ler o texto supondo que o autor esteja nos informando sobre algum tema ou objeto do mundo exterior, como acontece em um editorial, uma notícia ou um artigo científico, por exemplo. Se no texto de informação o leitor é direcionado para fora, isto é, para algo ou algum evento da realidade que o cerca, na ficção, ao contrário, o direcionamento volta-se para as questões relativas ao próprio eu, a seus sonhos ou à sua imaginação. Na produção textual, o alvo da linguagem denotativa ou referencial é o objeto; ao passo que o da linguagem conotativa ou figurada, o homem. Em suma, o texto informativo visa ou reflete o objeto a que se refere; o texto de ficção, o sujeito.

1. O texto *O homem que espalhou o deserto* é uma ficção baseada na história de duas personagens centrais: o menino e sua mãe. No primeiro parágrafo, o narrador apresenta as personagens e informa ao leitor a relação entre elas. Releia atentamente o parágrafo em questão e responda: por que o menino costumava cortar as folhas das árvores?

2. Por que a mãe agia dessa forma?

____

____

3. A atitude da mãe sobre o menino acarretou mudanças em seu comportamento social. Com base no primeiro e segundo parágrafos, complete o quadro abaixo identificando as causas e as consequências resultantes da ação da mãe sobre o caráter do menino:

CAUSA	CONSEQUÊNCIA
A mãe impedia o menino de:	Mudanças no comportamento do menino:

4. De acordo com o segundo parágrafo, o menino ficou *dominado por uma estranha impulsão* e estava determinado a acabar com todas as folhas das árvores. O que estimulou o menino a agir assim?

SABRINA ERAS/ARQUIVO DA EDITORA

____

____

5. No terceiro parágrafo, trata-se do ponto de vista do narrador ou da mãe em relação ao menino? Justifique sua resposta.

____

____

____

6. Conforme o menino crescia, sua mãe lhe dava tesouras maiores. Que relação pode-se fazer entre a ação da mãe sobre o menino e a dele sobre as árvores?

____

____

____

____

7. Na linguagem fictícia é comum o recurso da associação, que consiste em estabelecer correspondência entre objetos e seres, criando-se relações a partir dos significados que as palavras sugerem no contexto linguístico que o escritor cria. Complete o quadro abaixo a partir de possíveis associações e efeitos de sentido.

A	______	poda	o	crescimento	do	menino.
A	tesoura	poda	o	crescimento	das	______.

8. Complete, agora, as orações para criar as associações possíveis:

No texto, a ______ representa a ação de podar da ______, assim como a poda das ______ representa impedimento de convívio social do ______. Por associação, a mãe é a ______ que poda; e o menino, a ______ podada.

9. No texto em questão, as palavras selecionadas têm a característica de aproximar seus significados e dar o sentido desejado pelo autor. Por meio da associação, crie uma oração com as palavras: mãe, tesoura, menino e árvore, demonstrando a relação que pode ser criada entre os termos.

______

______

______

10. Para cada fase apresentada pelo autor, referente à personagem principal, há uma gradação tanto do instrumento utilizado quanto das ações verbais. Complete o quadro com informações do texto:

FASE DA PERSONAGEM	INSTRUMENTO UTILIZADO	AÇÃO VERBAL

11. No último parágrafo, o narrador diz:

E enquanto as árvores eram plantadas, o homem do machado ensinava ao filho a sua profissão.

Que relação pode-se fazer entre o trecho acima e o início da crônica? Antes de redigir seu texto, pense na intervenção da mãe quando o menino tentava sair para brincar com seu caminhão de madeira ou com outras crianças e na consequência desse ato na personalidade do menino e na do homem do machado.

Práticas de linguagem

Antes de fazer os exercícios, leia o quadro abaixo.

Orações subordinadas adverbiais

As **orações subordinadas adverbiais** ocorrem com frequência nas narrativas, pois elas indicam as circunstâncias em que os fatos acontecem. Os fatos, por sua vez, são introduzidos pelas orações principais, em que há a declaração principal do período. Há vários tipos de orações adverbiais. Veja a seguir um exemplo de período composto e a relação entre a oração principal e a subordinada:

Eu fiquei aqui **porque queria vê-la.**

ORAÇÃO PRINCIPAL	ORAÇÃO SUBORDINADA	CONJUNÇÃO E TIPO DE CIRCUNSTÂNCIA
Eu fiquei aqui.	Queria vê-la.	porque (circunstância de causa)

No exemplo acima, a causa de o sujeito ficar é o querer ver alguém. Assim, *querer vê-la* exerce a função de advérbio de causa: o querer é a causa do ficar. Como se trata de uma oração que está subordinada à ideia da oração principal, ela é chamada de oração subordinada adverbial causal.

Vejamos os outros casos de orações subordinadas adverbiais:

Nesse bolo há mais baunilha **do que chocolate**. = ideia de comparação = comparativa

O filme agradou a todos, **embora o som não estivesse bom**. = ideia de concessão = concessiva

Poderia viajar **se terminasse o trabalho a tempo**. = ideia de condição = condicional

Ícaro voou tão alto **que o sol derreteu a cera de suas asas**. = ideia de consequência = consecutiva

O texto segue anexo, **conforme combinamos por telefone**. = ideia de conformidade = conformativa

Eu segurei as compras, **para que ela pudesse abrir a porta**. = ideia de finalidade = final

À medida que o filhote foi crescendo, a pelagem mudava de cor. = ideia de proporção = proporcional

Ela entrou **quando ele saiu**. = ideia de tempo = temporal

As orações em destaque servem para estabelecer um tipo de circunstância com a oração principal, por isso são chamadas subordinadas adverbiais, ou seja, têm função de advérbio.

Dos períodos compostos por subordinação abaixo, indique a oração subordinada adverbial e o tipo de relação entre as orações. Siga o exemplo:

Contratou uma secretária **para organizar uma agenda**.

Ideia de finalidade = oração subordinada adverbial final

A. "[...] sempre que o menino apanhava o seu caminhão de madeira [...], a mãe corria com a tesoura [...]."

B. "Parecia determinado, à medida que o tempo passava, a acabar com as folhas todas."

C. "Às vezes, deixava aberta a janela, para que o luar brilhasse nas tesouras polidas."

D. "Um quintal enorme, que parecia uma chácara [...]."

E. "Como o seu cérebro era diminuto, ele demorou meses para encontrar a solução: um machado."

F. "A mãe, muito contente, apesar de o filho detestar a escola e ir mal nas letras."

G. "[...] não se embriagava aos sábados como os outros meninos do quarteirão [...]."

Conexão com Literatura

Narrativas fantásticas

Na história que você leu há acontecimentos fora do comum. Trata-se de uma narrativa com elementos fantásticos, isto é, que não sucedem no mundo real.

Ao escrever dessa forma, o autor, em geral, passa alguma mensagem ou faz uma crítica de modo indireto, por meio de uma história de ficção. Essas narrativas também são chamadas de contos maravilhosos ou de realismo mágico.

Esse tipo de narrativa pode não ter relação com o sobrenatural e o suspense, mas outros autores recorrem com frequência a esses elementos, como Edgar Allan Poe, escritor norte-americano do século XIX. Em suas obras ele narra os mais estranhos acontecimentos. O poema *O corvo* e o conto *O gato preto* estão entre os mais famosos do gênero.

HULTON-DEUTSCH COLLECTION/ CORBIS/LATINSTOCK

O poeta e contista americano Edgar Allan Poe (1809-1849), fotografado em Lowell, Massachusetts, no último ano de sua vida.

EVERETT COLLECTION/LATINSTOCK

Ilustração de Gustave Doré do poema *O corvo*, de Edgar Allan Poe.

Vamos conversar

A partir do texto 1, discuta com seu grupo as questões a seguir e anote seus comentários. Depois, escolham um representante para fazer a leitura do material produzido e das conclusões a que chegaram.

1. O respeito às opiniões ajuda a desenvolver a criatividade e equilibra as emoções.

2. Uma educação repressora pode gerar comportamentos violentos e inibir a expressão e a beleza do ser humano.

3. O convívio social é fundamental porque nos ensina a ver o mundo na sua diversidade e a respeitar opiniões diferentes das nossas.

4. Assim como a árvore que nada podia fazer para se proteger da agressividade da mãe e do menino, o ser humano sem uma educação adequada está sujeito a ser manipulado por outras pessoas.

Vamos escrever com **esquema**

Observe com atenção a história em quadrinhos a seguir. Ela retoma um ponto central do texto *O homem que espalhou o deserto*.

Pense nela como um esquema para seu texto e, com base no que é mostrado nos quadrinhos, escreva uma narrativa.

Crie um título para sua história.

SOUSA, Mauricio de. In: *Chico Bento*. n. 70. São Paulo: Abril, 1989.

Vamos **escrever**

No texto *O homem que espalhou o deserto*, por meio de um exagero nas atitudes da personagem, foi construída uma história que critica uma atitude irresponsável dos seres humanos: o desrespeito ao meio ambiente. Para fazer esta atividade, siga o roteiro.

- Imagine algo que você queira criticar ou elogiar na humanidade.
- Produza um texto em que as personagens também atuem de forma exagerada ou mesmo fantástica.
- Exemplos de título para seu texto:
  "O homem que espalhou a violência"; "A mulher que espalhou o conhecimento";
  "O homem que espalhou a miséria"; "O homem que espalhou o perdão".

Depois, leia seu texto para a classe.

VAMOS LER 2

Ferreira Gullar nasceu em 1930, no Maranhão. Foi locutor de rádio e colaborador de jornais em São Luís. Publicou seu primeiro livro de poesias, *Um pouco acima do chão*, em 1948, com recursos próprios e apoio de um centro cultural de sua cidade. Desde muito jovem já demonstrava inconformismo diante das injustiças sociais, que passam a ser tema constante em sua obra. Trabalhou como organizador e diretor de vários centros de cultura popular do país. Publicou também romances: *João Boa-Morte, Cabra marcado para morrer* e *Quem matou Aparecida*. Escreveu peças de teatro e dedicou-se à pintura. Foi exilado político e retornou ao Brasil em 1977. Recebeu vários prêmios de literatura e tradução nacionais e internacionais. Foi indicado ao Prêmio Nobel de Literatura em 2002.

Não há *vagas*

NESTE POEMA, FERREIRA GULLAR ABORDA QUESTÕES SOCIAIS EMPREGANDO UMA LINGUAGEM SIMPLES. ATENTE PARA O TÍTULO: EM QUE LUGARES COSTUMA APARECER A EXPRESSÃO "NÃO HÁ VAGAS"?

O preço do feijão
não cabe no poema.
O preço do arroz
não cabe no poema.
Não cabem no poema o gás
a luz o telefone
a sonegação
do leite
da carne
do açúcar
do pão

O funcionário público
não cabe no poema
com seu salário de fome
sua vida fechada
em arquivos.
Como não cabe no poema
o operário
que esmerila seu dia de aço
e carvão
nas oficinas escuras

— porque o poema, senhores,
está fechado:
"não há vagas"
Só cabe no poema
o homem sem estômago
a mulher de nuvens
a fruta sem preço

O poema, senhores,
não fede
nem cheira.

GULLAR, Ferreira. In: *Toda poesia* (1950-1980). São Paulo: Círculo do Livro, 1983. p. 224.

SABRINA ERAS/ARQUIVO DA EDITORA

Vamos **entender** o texto

Antes de fazer os exercícios, leia o quadro abaixo.

Texto e contexto

Para fazer a leitura crítica de um texto, é preciso antes conhecer ou ter informações a respeito da época em que ele foi produzido, isto é, saber quais foram as motivações do escritor no momento de sua criação. A produção de um texto reflete sempre algum tipo de anseio daquele que escreve, e, para analisar o que está por trás da mensagem, é fundamental observar o momento histórico em que o texto foi produzido. Esse conjunto de circunstâncias locais que orientam e dão origem ao tema do texto é chamado **contexto**. Vários fatores determinam essas circunstâncias, como o ponto de vista do escritor, sua visão de mundo, a situação política do país na época da produção do texto, entre outros.

O texto de Ferreira Gullar foi escrito na década de 1970. No Brasil, essa época é chamada de "anos de chumbo", que se refere à ditadura militar, período em que a liberdade de imprensa e de expressão e qualquer tipo de manifestação foram impedidos ou cerceados pelo governo. Outra situação agravante da época era a concentração de renda e consequentemente o aumento da pobreza, acentuando ainda mais a desigualdade social. É nesse contexto, então, que o texto de Gullar deve ser interpretado.

DIEGO CERVO/SHUTTERSTOCK/GLOWIMAGES

Estudante pegando livro da estante de uma biblioteca.

1. Na primeira estrofe do poema, até o verso 11, o poeta lista alguns itens que, segundo ele, não cabem no poema. Esses itens listados estão relacionados a dois substantivos. Que substantivos são esses?

2. Selecionando determinadas palavras, o autor apresenta seu ponto de vista a respeito do contexto em que vive e conduz o leitor à época que ele observa e critica. Observe as palavras *feijão* e *arroz*, ligadas à palavra *preço*, e imagine essa época: por que ele diz que o preço do feijão e o do arroz não cabem no poema?

3. Em seguida, ele continua dizendo que também o gás, a luz e o telefone não cabem no poema. Por meio dessas palavras, o autor questiona sua época. Como podemos interpretar sua crítica?

4. As palavras *leite*, *carne*, *açúcar* e *pão* estão sendo contextualizadas a partir de outra: *sonegação*. Leia o verbete abaixo:

> **sonegar**. 1. Ocultar (algo), deixando de mencionar ou de descrever, nos casos em que a lei exige a menção ou a descrição. 2. Dizer que não tem (algo) que de fato tem; deixar de dar ao manifesto. 3. Não partilhar (algo) com outros; ocultar, esconder.

HOUAISS, Antônio. *Dicionário eletrônico Houaiss da língua portuguesa*. São Paulo: Objetiva, 2009.

Agora, responda: por que o autor diz que esses itens listados são sonegados? Quem sonega de quem?

5. Até aqui, podemos resumir a crítica do autor em duas palavras que se relacionam a dois direitos essenciais do ser humano. Observando os substantivos que ele usou, que direitos são esses?

6. Na segunda estrofe, do verso 12 ao 21, o autor usa duas designações para denunciar outro direito essencial suprimido dos brasileiros. A qual direito ele se refere? E como ele faz sua crítica?

Insalubre. 1. Lugar que não é bom para a saúde. 2. Lugar que causa doença. 3. Capaz de prejudicar de alguma forma a saúde do trabalhador.

HOUAISS, Antônio. *Dicionário eletrônico Houaiss da língua portuguesa*. São Paulo: Objetiva, 2009.

7. Quais são os versos que denunciam a insalubridade do trabalho feito tanto pelo funcionário público quanto pelo operário?

8. Por que eles também não cabem no poema?

9. Na terceira estrofe, o autor diz:

— porque o poema, senhores,
está fechado:
"não há vagas"

Qual o significado dessas palavras no texto, isto é, por que o poema *está fechado* e por que *não há vagas*?

SABRINA ERAS/ARQUIVO DA EDITORA

10. Ainda na terceira estrofe, o autor diz o que cabe no poema, ou o que é possível e permitido caber no poema. Observe a seleção feita para caracterizar os substantivos *homem*, *mulher* e *fruta*:

o homem sem estômago
a mulher de nuvens
a fruta sem preço

Somente esses tipos ou temas cabem no poema. Por que o autor os caracteriza dessa forma? Responda à questão, considerando o oposto daquilo que o autor fala na primeira parte do texto.

11. Na última estrofe, o autor diz que o poema não fede nem cheira. A qual poema ele se refere? Responda à questão relacionando a última estrofe com a anterior.

Práticas de **linguagem**

1. Antes de fazer a atividade a seguir, leia o quadro abaixo.

Vocativo

Existe um termo na língua portuguesa que não pertence nem ao sujeito nem ao predicado: é o **vocativo**. Utilizamos o vocativo para chamar, interpelar algo ou alguém.

No poema lido, o poeta usa o mesmo vocativo duas vezes.

"— porque o poema, **senhores**, / está fechado:"

"O poema, **senhores**, / não fede / nem cheira."

O vocativo pode aparecer também no início ou no fim da oração:

Meus senhores, o poema não fede nem cheira.

O poema não fede nem cheira, **meus senhores**.

Acrescente às frases propostas um dos vocativos que fornecemos a seguir. Verifique qual deles é o mais adequado à situação expressa em cada frase.

doutor	queridos alunos	caros colegas	madame	senhores passageiros

A. Queiram dirigir-se ao balcão da companhia aérea.

B. Soube que há avanços da medicina nesta área.

C. Gostaria de pedir um pouco de silêncio.

D. Esse tecido é importado da Índia.

E. Façam a prova sem consultar o colega ao lado.

2. Leia os modelos:

*O preço do feijão não **cabe no** poema. (No poema não há espaço para o preço do feijão.)*

***Cabe ao** poeta escrever poemas. (É missão do poeta escrever poemas.)*

Nas frases acima, o verbo *caber* foi empregado em duas diferentes acepções.

Nas alternativas a seguir, analise o sentido da frase e reescreva-a empregando o verbo *caber* na acepção mais adequada.

A. A disciplina de Matemática é ensinada pelo professor Jorge.

B. A caçamba do caminhão é muito pequena para acomodar os botijões de gás.

C. O pé inchado não entrou no sapato.

D. É responsabilidade dos hospitais públicos atender qualquer cidadão acidentado.

3. Podemos evitar repetições de palavras numa frase substituindo um termo citado anteriormente por outro mais abrangente. Observe:

As autoridades de trânsito vão fazer uma inspeção rigorosa nos ***ônibus****. Elas suspeitam que esses* ***veículos*** *estão poluindo acima dos limites estipulados em lei.*

Evitou-se a repetição da palavra *ônibus* com o emprego da palavra *veículos*, termo que abrange ônibus, automóveis, caminhões e outros meios de transporte.

Preencha as lacunas das frases propostas empregando termos de sentido abrangente para substituir os já citados anteriormente, como foi feito no modelo.

A. Os gatos e cachorros abandonados foram recolhidos pela prefeitura. Os ____________ serão vacinados e ficarão sob cuidados veterinários até que se encontrem donos para eles.

B. As *socialites* emergentes foram à festa cheias de anéis, brincos e pulseiras. Alguns jornalistas ficaram indignados com a ostentação de tantas ____________.

C. As araras-azuis alimentam-se dos frutos de várias espécies de palmeiras. O desmatamento, portanto, representa uma ameaça de extinção para essas ____________.

D. Nadadores, tenistas e jogadores de futebol são muito requisitados por publicitários. Esses ____________ exercem grande influência sobre a juventude.

E. Não é raro os jornais flagrarem deputados, senadores e vereadores usando veículos oficiais para seus afazeres particulares. Essas notícias só fazem aumentar o descrédito dos ____________ perante os eleitores.

Vamos **relacionar** os textos

Os dois textos que você leu nesta unidade foram construídos utilizando-se linguagem conotativa ou figurada, que significa um modo particular de dar forma às experiências humanas para representar a realidade. Como ambos fazem uma crítica a essa realidade, a tarefa do leitor é decodificar a mensagem, transformando-a em linguagem denotativa, referencial, pois só assim ele pode interpretar o texto e conhecer a intenção de quem o produziu. Pensando nisso, responda às questões propostas:

1. Que tipo de crítica é apresentada em cada texto?

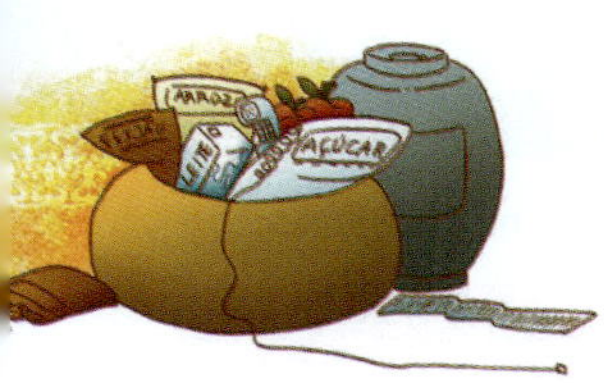

ILUSTRAÇÕES: SABRINA ERAS/ ARQUIVO DA EDITORA

2. Em algum momento os textos se relacionam, isto é, falam de um mesmo tema? Justifique sua resposta.

3. Que tipo de ensinamento pode ser extraído dos textos lidos?

Conexão com Identidade nacional

Arte engajada dos anos 1970

Como vimos, o poema *Não há vagas* foi escrito e publicado na década de 1970. Esse período marcou uma transição entre os chamados "anos de chumbo", na década de 1960, em que a repressão social e política atingiu seu auge no Brasil, e a década de 1980, em que ocorreu o início de uma abertura política.

No ano em que o poema foi publicado, 1975, ainda não havia eleições diretas para presidente da República. O presidente era o general Ernesto Geisel, e o autor do poema, Ferreira Gullar, encontrava-se exilado em Buenos Aires.

Os artistas engajados (comprometidos com uma posição política) reivindicavam com suas obras — poemas e canções de protesto, filmes e peças de teatro — uma sociedade mais justa e democrática, com igualdade de oportunidades, e a valorização da cultura e da identidade nacionais. Grande parte da arte produzida naquele período no Brasil criticava abertamente o governo e as instituições políticas em geral.

SERGIO SADE/EDITORA ABRIL

Passeata estudantil na década de 1970.

Vamos conversar

Em grupo, discuta as questões propostas a seguir e anote as conclusões:

1. O poema *Não há vagas* foi escrito na década de 1970. Nele, Ferreira Gullar retrata problemas dessa época, como os baixos salários e a falta de perspectivas para os trabalhadores brasileiros.

Na sua opinião, essa situação melhorou, piorou ou permanece a mesma? Justifique sua resposta.

____

____

____

2. Que sugestões você daria para uma possível solução desses problemas?

____

____

____

Exercícios de regência verbal e nominal

1. Complete as frases propostas com as expressões do quadro abaixo:

cujo(a)	cujos(as)	em cujo(a)	em cujos(as)	
a que	com que	com quem	de que	em que

A. Este é o livro ______________ me referi.

B. Trata-se de um remédio ______________ capacidade de cura não tem precedentes na história.

C. Você não imagina ______________ enrascada ela se enfiou.

D. A vontade ______________ jogamos foi o que nos deu a vitória.

E. A moça ______________ casa estamos é italiana.

F. A telefonista não sabia ______________ queríamos falar na empresa.

G. O gerente não sabe ______________ vai tratar a reunião de hoje.

H. Os recursos financeiros ______________ dispomos são escassos.

I. É uma professora ______________ conhecimentos de história são indiscutíveis.

J. O ministro ______________ pasta estourou o escândalo não quis dar declarações.

2. **Complete as frases dadas com as expressões deste quadro:**

a que	de que	que
com quem	sobre quem	de quem
em que	contra o(a) qual	pelo(a) qual
cujo(a)	cujos(as)	

A. São pessoas ______ não tenho dúvida alguma.

B. São alunos ______ me dou muito bem.

C. Esta é a cláusula ______ todos se opõem.

D. Entrar em uma faculdade é um objetivo ______ muitos jovens lutam.

E. Os autores e cantores ______ obras são sucesso de venda nem sempre são os melhores.

F. Este é o tipo de trabalho ______ me dediquei nos últimos anos.

G. Aquele é o clube ______ fui sócio durante oito anos.

H. Este é o único partido político ______ confio.

I. Meu pai foi o homem ______ recebi os melhores conselhos na vida.

3. **Altere as frases, observando como foram completadas as frases das atividades 1 e 2:**

A. Refiro-me a um autor pouco conhecido.

______

______

B. Dedico-me a uns estudos interessantes.

______

______

C. Ana participa de um campeonato excelente.

______

______

D. Moramos em uma casa térrea.

______

______

Ampliando horizontes

Analfabeto funcional é a pessoa que não é capaz de exercer atividades para as quais a alfabetização é necessária. Assim, fica difícil para ela comunicar-se com seu grupo e exercer funções na sociedade em que está inserida.

Leia os textos e responda às questões propostas a seguir.

Letra morta

PAÍS PAGA ALFABETIZAÇÃO, MAS IGNORA RESULTADO.

Leitura. A palavra, como outras tantas, é apenas um amontoado de letras sem sentido para 15% dos alunos que concluem o curso da Alfabetização Solidária, a principal parceira do governo federal na primeira etapa do mutirão que pretende reduzir o número de analfabetos no país (15 milhões de pessoas com mais de 15 anos).

A organização não governamental foi a única parceira do programa Brasil Alfabetizado, até agora, a investigar o desempenho dos alunos, a qualidade do aprendizado. Mas o Ministério da Educação passou por cima desses detalhes. Inclui na conta dos atendidos todos os matriculados em cursos pagos pelo governo, independentemente do aprendizado.

Faz alguma diferença. A Alfabetização Solidária, por exemplo, concluirá no segundo semestre o atendimento a 365 mil estudantes do Brasil Alfabetizado. Seguindo o padrão verificado nas últimas turmas da ONG, além dos 15% que continuam analfabetos, 30,8% só conseguem compreender palavras isoladas e 26,6%, somente fragmentos de textos.

SABRINA ERAS/ARQUIVO DA EDITORA

Na primeira etapa do Brasil Alfabetizado, iniciada no segundo semestre de 2003, o ministério abandonou a ideia de avaliar a qualidade da alfabetização nos moldes originais. Limitou-se aos números: 1,9 milhão de pessoas atendidas com dinheiro da União e mais 1,3 milhão com recursos da sociedade.

SALOMON, Marta; CONSTANTINO, Luciana. *Folha de S.Paulo*, 6 set. 2004.

QUINO. *Mafalda*. São Paulo: Global, 1982.

1. Atualmente, uma parcela considerável dos brasileiros se encontra em situação de analfabetismo. Na sua opinião, o que poderia ser feito para modificar esse quadro?

2. Pode haver progresso em uma sociedade com muitos analfabetos?

3. O rápido avanço tecnológico das sociedades atuais torna os analfabetos mais excluídos do que antes, quando a tecnologia se desenvolvia mais lentamente?

Vamos escrever

Produza um texto ficcional em prosa ou em verso, abordando problemas semelhantes aos descritos nos textos 1 e 2: o respeito à individualidade ou à liberdade de expressão.

Sigas as orientações propostas a seguir:

- Pense primeiramente no tema que você vai abordar e na crítica que vai fazer;
- Após refletir sobre o tema, imagine como vai ser o formato do texto ficcional: prosa ou verso;
- Se o formato for em prosa, pense nas personagens e como o tema vai refletir na vida delas; se for poema, pense na seleção das palavras e no sentido que cada uma delas vai ter no texto;
- Defina o leitor do seu texto;
- Depois de escrito, dê um título ao texto.

Autoavaliação e reescrita

sim	não	
☐	☐	Trata-se de um texto ficcional?
☐	☐	Foi utilizada uma linguagem adequada aos textos de ficção?
☐	☐	A estrutura do texto corresponde ao tema previamente estabelecido?
☐	☐	Fica claro para o leitor o ponto de vista crítico do autor?
☐	☐	O título do texto está de acordo com a crítica proposta?

Unidade 8

RESENHA E EDITORIAL

- **FOCO:** as características da resenha e do editorial.
- **GÊNEROS:** resenha crítica e editorial.
- **PRÁTICAS DE LINGUAGEM:** advérbio e adjetivos; argumentos: fatos e opiniões; período composto e coesão textual.

VAMOS LER 1

Antonio Carlos Olivieri nasceu no Rio de Janeiro em 1957. Formado em Letras pela Universidade de São Paulo, o autor tem diversos livros publicados. Algumas publicações pela editora Ática: *Independência dos Estados Unidos*, 1990; *O Renascimento*, 1987; *A pré-história*, 1988; *Cronistas do descobrimento*, 1999.

Uma paródia dos romances policiais dirigida a *pré-adolescentes*

VEJA A IMPORTÂNCIA DA RESENHA CRÍTICA PARA DESPERTAR O INTERESSE DO LEITOR SOBRE O OBJETO RESENHADO.

Em que *Sherlock Moreira* se diferencia de outros livros de aventura escritos especialmente para o público infantojuvenil? Em primeiro lugar, pelo caráter particular de seu narrador, que adota o tom irônico característico dos narradores de romances *noir*, porém devidamente adaptado para a idade deste narrador: 13 anos.

É esse o elemento que confere bom humor à narrativa e deixa claro que ela é, ao mesmo tempo, um romance *noir* para jovens e uma paródia desse mesmo gênero literário. O caráter paródico, por sinal, já se encontra desde o título. Olivieri alude simultaneamente ao célebre detetive de Arthur Conan Doyle e ao cantor Moreira da Silva, famoso

EVANDRO LUIZ/ARQUIVO DA EDITORA

ILUSTRAÇÕES: EVANDRO LUIZ/ARQUIVO DA EDITORA

por interpretações dos sambas de Miguel Gustavo, em que se parodiavam os filmes norte-americanos de *cowboys* e *gangsters*.

Em paralelo a este veio humorístico, a narrativa apresenta sutilmente uma série de temas sérios e atuais da realidade brasileira: sequestros, violência urbana, preconceito social e a pasteurização dos gêneros musicais populares, como o pagode e a música sertaneja. Assim, além de excelente entretenimento, a obra pode ser o ponto de partida para reflexões e debates em sala de aula.

O enredo propriamente dito não traz grandes novidades, uma vez que desenvolve, em forma de paródia, situações típicas do gênero que põe em foco: o romance policial. Desafiado por um colega e rival nas atenções da menina que ama, o jovem protagonista resolve investigar o sequestro da mãe de um integrante de um grupo musical.

Naturalmente, ele consegue desvendar o mistério, mas por meios nada ortodoxos e contando com o auxílio da polícia, na hora de enfrentar os bandidos de verdade. De qualquer modo, há situações bastante engenhosas, quase inusitadas, como o fato de o detetive-mirim ir obter informações sobre a vítima do sequestro, escutando às escondidas as fofocas trocadas pelas clientes de um salão de cabeleireiro, ou ainda interrogando um camelô cego, que "enxerga" perfeitamente com os ouvidos.

Por tudo isso, o livro recebeu a menção "Altamente recomendável" da Fundação Nacional para o Livro Infantil e Juvenil e tem sido bem recebido por alunos e professores que o adotam em escolas da rede pública e privada de todo o Brasil. [...].

JOÃO BAPTISTA DA COSTA AGUIAR/CIA. DAS LETRAS

Sherlock Moreira
Antonio Carlos Olivieri
Cia. das Letras
103 págs.

STRECKER, Heidi. Disponível em: <http://educacao.uol.com.br/resenhas/sherlock-moreira.jhtm>. (Acesso em 27 maio 2011).

Ortodoxo:
concorde com as leis que a Igreja considera verdadeiras.

Ortodoxo:
que professa os padrões, normas ou dogmas (verdades inquestionáveis) estabelecidos, tradicionais.

Vamos **entender** o texto

Antes de responder às questões propostas, leia atentamente o quadro seguinte:

Resenhas críticas

Resenha crítica é um trabalho de comentários críticos de determinados livros e filmes do momento. Resenhas são tipos de resumo de textos, com descrição feita com detalhes, relatando minuciosamente o que contém nos livros e filmes.

É de extensão maior que a sinopse. Enquanto a sinopse é um relato breve, geralmente entre o título e o texto, para situar o leitor sobre a compreensão do texto integral, a resenha crítica é uma análise crítica e informativa bem mais longa sobre livros ou filmes.

1. Leia o quadro abaixo:

O termo ***noir*** (pronuncia-se no-ar) é usado para designar certos tipos de filmes e romances policiais, produzidos a partir da década de 1940. O tema dos **romances *noir*** gira sempre em torno de histórias de detetives, assaltos, *gangsters* ou julgamentos.

Por que a autora afirma que a obra de Olivieri é diferente das outras obras escritas para o público infantojuvenil?

____

____

2. O que, para a resenhista, caracteriza o bom humor da narrativa?

____

____

3. Leia o quadro abaixo:

PARÓDIA: Obra literária, teatral, musical, etc. que imita outra obra, ou os procedimentos de uma corrente artística, escola, etc. com o objetivo jocoso [que provoca o riso] ou satírico; arremedo.

SÁTIRA: Composição poética jocosa ou indignada contra as instituições, os costumes e as ideias contemporâneas.

HOUAISS, Antonio, *Dicionário eletrônico Houaiss da língua portuguesa*. São Paulo: Objetiva, 2009.

Para a resenhista, a obra de Olivieri é uma paródia. São apontados dois elementos que confirmam seu argumento. Que elementos são esses?

____

____

____

4. Conforme o terceiro parágrafo, qual é a conclusão da autora a respeito dos dois aspectos que apresentam a obra objeto da resenha?

5. No quinto parágrafo, a resenhista usa algumas expressões para caracterizar a obra: (1) *por meios nada ortodoxos*; (2) *há situações bastante engenhosas*; e (3) *quase inusitadas*. Explique o sentido de cada uma delas.

6. Complete o quadro abaixo, de acordo com cada parágrafo, para resumir as características da obra de Olivieiri apresentadas pela resenhista.

PARÁGRAFO	CARACTERÍSTICA DA OBRA
1º	
2º	
3º	
4º	
5º	
6º	

Práticas de linguagem

1. Observe o advérbio nas orações:

- Ela **ouvia**-o *atentamente*. (modificando o verbo)
- O teu pai está *muito* **mal**. (modificando o adjetivo)
- Maria escreve *muito* **bem**. (modificando o advérbio)

Indique dos períodos abaixo qual classe gramatical o advérbio em destaque está modificando:

A. "Em que *Sherlock Moreira* se diferencia de outros livros de aventura escritos **especialmente** para o público infantojuvenil?"

B. "[...] que adota o caráter irônico, característico dos narradores dos romances *noir*, porém **devidamente** adaptado para a idade deste narrador: 13 anos."

EVANDRO LUIZ/
ARQUIVO DA EDITORA

C. "Olivieri alude **simultaneamente** ao célebre detetive [...] e ao cantor [...]."

D. "[...] a narrativa apresenta **sutilmente** uma série de temas sérios e atuais da realidade brasileira [...]."

2. **Das palavras destacadas, indique qual é o termo caracterizante (substantivo) e qual é o termo caracterizador (adjetivo).**

A. "Em primeiro lugar, pelo **caráter particular** de seu narrador que adota o **tom irônico**, **característico** dos narradores de **romances *noir*** [...]."

TERMO CARACTERIZANTE	TERMO CARACTERIZADOR

B. "É esse elemento que confere **bom humor** à narrativa e deixa claro que ela é, ao mesmo tempo, um romance *noir* para jovens e uma paródia desse mesmo **gênero literário**."

TERMO CARACTERIZANTE	TERMO CARACTERIZADOR

C. "Em paralelo a este **veio humorístico**, a narrativa apresenta sutilmente uma série de **temas sérios** e **atuais** da **realidade brasileira** [...]."

TERMO CARACTERIZANTE	TERMO CARACTERIZADOR

D. "Assim, além de **excelente entretenimento**, a obra pode ser o ponto de partida para reflexões e debates [...]."

TERMO CARACTERIZANTE	TERMO CARACTERIZADOR

E. "Naturalmente, ele consegue desvendar o mistério, mas por **meios** nada **ortodoxos** [...]."

TERMO CARACTERIZANTE	TERMO CARACTERIZADOR

Conexão com Quadrinhos críticos

Observe bem os quadrinhos e veja como o personagem Miguelito se posiciona criticamente diante da informação sobre uma aula que ele teve.

JOAQUÍN SALVADOR LAVADO (QUINO)/ACERVO DO ARTISTA

QUINO. *Toda Mafalda*. São Paulo: Martins Fontes, 2003. p. 1.

Vamos escrever

1. Criação de resenhas de livros.

Agora, você vai fazer a sua resenha crítica, mas não imaginada, com certeza, pois terá de partir da leitura que fez ou vai fazer (caso o professor peça e indique a leitura) de algum livro interessante e atual. Procure se posicionar criticamente em seus comentários sobre a história e apontar aspectos negativos e/ou positivos que ela possa apresentar. Seja coerente e use uma linguagem concisa, capaz de convencer o leitor de sua resenha sobre tudo o que você afirma e comenta. Não use gírias de maneira alguma e seja objetivo(a).

2. Resenha crítica de um filme.

Do mesmo modo que fez a resenha crítica de um livro que leu, faça agora uma outra sobre um filme que você viu recentemente. Troque a sua resenha com a de seus colegas para se inteirar dos filmes que eles viram e você não conhece.

EVANDRO LUIZ/ARQUIVO DA EDITORA

Saúde desigual

OBSERVE COMO NO EDITORIAL A NOTÍCIA E A VISÃO CRÍTICA DO ESCRITOR SÃO OS DOIS ELEMENTOS FUNDAMENTAIS DESSE GÊNERO.

Pelo menos dois tipos de desigualdade afetam a oferta de serviços de saúde no Brasil: as regionais e as de acesso da população a equipamentos e profissionais mesmo onde não há carência deles. O diagnóstico está no relatório "Assistência Médico-Sanitária 2009", do IBGE.

O estudo constatou a existência de apenas 2,3 leitos por mil habitantes, no país, cifra inferior ao preconizado pelo Ministério da Saúde (2,5 a 3 leitos). Só a região Sul se sai bem, com 2,6.

A má distribuição geográfica de recursos se evidencia também no tocante a postos de trabalho médicos. No Norte, há 1,9 profissional por mil pessoas. No Sudeste são 4,3. Para piorar a situação, 40% dos profissionais trabalham nas capitais dos Estados.

Morar numa capital do Sul ou do Sudeste, contudo, não garante que os serviços sejam prestados no tempo devido. Se a pessoa depender da rede pública de hospitais ou de estabelecimentos particulares conveniados com o SUS, é provável que enfrente filas.

A desigualdade se manifesta de forma inequívoca no acesso a equipamentos para diagnóstico por imagem. São ferramentas basilares da medicina contemporânea, como aparelhos de tomografia, ressonância magnética e mamografia, entre outros.

É verdade que houve aumento de 27% na quantidade de aparelhos, de 2005 a 2009. No entanto, isso não solucionou o problema da desigualdade: unidades do SUS, que atendem 75% da população, concentram meros 40% dos equipamentos.

A distorção é gritante. Tome-se o exemplo da ressonância magnética: há 1,9 máquina por milhão de habitantes na rede do SUS, contra 19,8 nos estabelecimentos que atendem os planos de saúde privados. A média do Brasil é 6,3 e a de países industrializados, 11.

Tal estado de coisas não irá se alterar sem um programa bem focalizado de melhoria de acesso. Não basta, obviamente, comprar equipamentos caros e deixá-los enferrujar em prédios vazios — como ainda se vê em alguns casos. É preciso ter pessoal treinado para operá-los e mantê-los.

Folha de S.Paulo, 25/11/2010. Disponível em: <http://www1.folha.uol.com.br/fsp/opiniao/fz2511201002.htm>. (Acesso em 5 abr. 2011).

Gritante:
semelhante a um grito; estridente, penetrante.

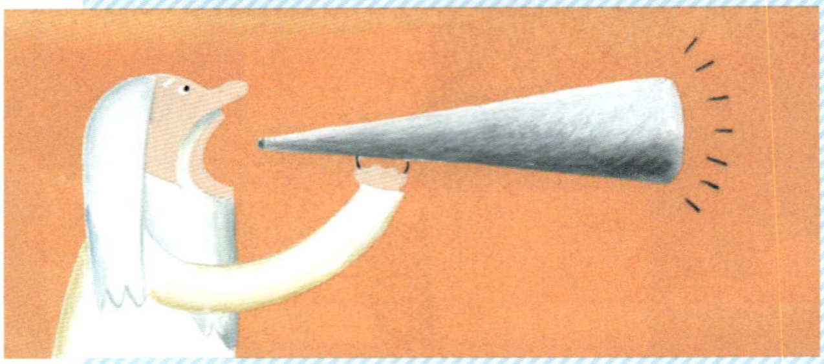

Gritante:
que se impõe à razão ou ao espírito; manifesto, flagrante.

ILUSTRAÇÕES: EVANDRO LUIZ/ARQUIVO DA EDITORA

Editorial

Editoriais são tipos de artigos em que, geralmente, o editor de um jornal ou revista discute questões, apresentando o ponto de vista do jornal (ou da revista), do redator-chefe ou da empresa jornalística.

Sendo peças fundamentais da filosofia de um jornal, os editoriais, além de representar o ponto de vista da empresa jornalística, têm o papel de criticar, comparar, julgar ou conduzir o leitor e mesmo toda a comunidade em que existe, de acordo com o seu modo de pensar sobre os problemas da sua comunidade, mostrando e defendendo os interesses dela.

Um editorial precisa, antes de tudo, ser coerente, ter estilo e ser capaz de expressar sua independência de ideias. Deve ser suficientemente argumentativo, com a capacidade de persuadir o leitor para enfatizar a opinião que se propõe a defender.

Deve sempre manter a sua expressão de opinião que, à semelhança de um artigo mais extenso, reflete todo o seu posicionamento, tornando-se essencialmente convincente de todo seu comentário argumentativo, porém apoiando-se em fatos concretos de pesquisa sobre a realidade que se propõe a discutir.

Vamos entender o texto

1. Segundo informações do texto, já na introdução, quais os tipos de desigualdades afetam os serviços de saúde no Brasil?

2. Que comprovação o autor do editorial apresenta para a afirmação que faz logo na introdução do seu texto? Por que ele faz isso?

3. Segundo informações do texto, que região é mais bem assistida? Por quê?

4. Em que parte ou parágrafo do texto se pode perceber que se trata apenas de saúde pública relacionada ao SUS?

5. Que desigualdade evidente é apontada pelo autor em relação aos tratamentos médicos e que é inequívoca?

ILUSTRAÇÕES: EVANDRO LUIZ/ ARQUIVO DA EDITORA

6. Ao afirmar sobre o aumento de tais aparelhos de 27% entre os anos de 2005 e 2009, houve algum posicionamento positivo em relação à solução do problema da desigualdade na saúde? Por quê?

7. Podemos afirmar, pelo texto, que, em se tratando de ressonância magnética, o Brasil encontra-se praticamente quase 50% atrasado em relação a países industrializados. Por quê?

8. O autor conclui seu texto crítica e coerentemente? Justifique com uma passagem do texto ou considerações suas.

9. O texto realmente toma partido dos interesses da sociedade brasileira em geral? Por quê? Dê sua opinião.

Práticas de linguagem

1. As frases a seguir foram retiradas do texto *Saúde desigual*. Algumas mostram fatos e outras, opiniões. Indique quais se referem a fatos e quais se referem a opiniões:

A. "Pelo menos dois tipos de desigualdade afetam a oferta de serviços de saúde no Brasil."

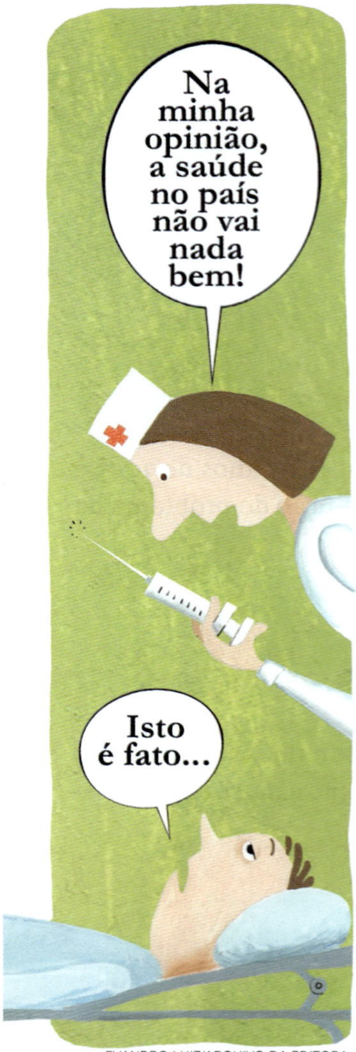

EVANDRO LUIZ/ARQUIVO DA EDITORA

B. As capitais dos estados brasileiros são detentoras de 40% dos profissionais na área da saúde.

C. "Se a pessoa depender da rede pública de hospitais ou de estabelecimentos particulares conveniados com o SUS, é provável que enfrente fila."

D. Apesar de ter ocorrido "aumento de 27% na quantidade de aparelhos, de 2005 a 2009", isso não solucionou o problema da desigualdade.

E. Há "1,9 máquina por milhão de habitantes na rede do SUS, contra 19,8 nos estabelecimentos que atendem os planos de saúde privados."

F. "Tal estado de coisas não irá se alterar sem um programa bem focalizado de melhorias de acesso."

G. "O estudo constatou a existência de apenas 2,3 leitos por mil habitantes, no país, cifra inferior ao preconizado pelo Ministério da Saúde (2,5 a 3 leitos)."

H. "Não basta, obviamente, comprar equipamentos caros [...]. É preciso ter pessoal treinado para operá-los e mantê-los."

2. Agora, junto com seus colegas de grupo, apresentem fatos e opiniões sobre os seguintes assuntos:

Educação	Artes em geral	Vida no campo	Cinema nacional		
Esporte	Vida na cidade	Cinema em geral	Leitura	Acampamento	
Música	Programas de TV	Lazer	Diversão	Família	Ecologia

3. **Agrupem, agora, fatos e opiniões do exercício anterior e desenvolvam um texto em equipe, posicionando-se com argumentos e críticas, usando uma linguagem bem trabalhada. Leia para a classe.**

4. **Nos exercícios abaixo, seguem sempre duas frases que deverão formar um só período, contendo uma informação precisa. Você deverá estar atento à sua clareza quando fizer a transformação, ao juntar as duas frases, procurando evitar repetições desnecessárias. Observe bem que muitas frases foram destacadas do texto do Editorial e apresentam tanto fatos quanto opiniões.**

A. 40% dos profissionais da saúde trabalham nas capitais dos Estados. Este fato piora a situação.

B. A má distribuição geográfica de recursos se evidencia também no tocante a postos de trabalho médico. Este fato só agrava o problema.

C. Os aparelhos necessários para exames, muitas vezes, são adquiridos e deixados ao abandono, sendo enferrujados com o tempo. Isso mostra o grande desleixo evidente.

D. Tal estado de coisas poderá se alterar com um programa de melhorias de acesso aos aparelhos. É preciso capacitar pessoal especializado para operar e manter os aparelhos em bom funcionamento.

5. **Qual das questões do exercício anterior refere-se a uma opinião?**

Conexão com Saúde

Quinoterapia

QUINO. *Quinoterapia*. Tradução de Monica Stahel. São Paulo: Martins Fontes. p. 13.

Falando em saúde, no editorial que você leu não poderia faltar algo crítico e divertido para ilustrar um tema tão sério para todos nós e muito importante. O que você tem a dizer sobre essa conexão?

Vamos relacionar os textos

Na primeira parte desta unidade, você leu uma resenha; na segunda, um editorial. Em ambos os casos, os autores fazem críticas sobre algum objeto ou tema específico. Sempre por trás de um texto haverá a intenção de criticar. No entanto, a crítica deve sempre partir de dados tirados da realidade. Nesta unidade, vimos que, no editorial, a crítica refere-se a dados do IBGE; e, na resenha, ao conteúdo da obra. Este é o fundamento da posição crítica: conhecer o objeto de que se fala, apontar suas características e tecer o juízo de valor.

Escreva no caderno um texto comentando como deve ser o procedimento quando se vai escrever uma resenha crítica e um editorial. Esclareça, também, qual a diferença entre cada um deles.

Ampliando horizontes

Clarice para adulto, para criança e para gringo ler

"Às vezes, quando duas pessoas estão juntas, apesar de falarem, o que elas comunicam silenciosamente uma à outra é o sentimento de solidão." A frase, escrita por Clarice Lispector para o pequeno texto *A comunicação muda* (*Crônicas para jovens – De amor e de amizade*), Rocco Jovens Leitores, 144 páginas [...], pode ser um bom resumo do que oferecem os diversos encontros com a autora que vêm sendo promovidos por livrarias, teatros, eventos literários e pela editora detentora dos direitos de publicação da sua obra, neste 2010, em que a escritora faria 90 anos e que pode ser considerado o ano de Clarice Lispector.

Clarice é solidão. Daí cair tão bem o formato de monólogo para o espetáculo *Simplesmente Eu, Clarice Lispector*, com que a atriz Beth Goulart tem circulado país afora [...]

FABIAN/DIVULGAÇÃO/ARQUIVO DA EDITORA

Daí cair tão bem as pausas que tem o texto, feito de pedaços de contos e romances e entrevistas da escritora. Daí cair tão bem as inspirações profundas da atriz quando busca reproduzir no palco o caos interno da escritora.

Clarice é também intimidade, aquela intimidade que permite comunicar a um outro a solidão que se sente — como diz outro pequeno texto do livro *De amor e de amizade*: "... amor será dar de presente um ao outro a própria solidão? Pois é a coisa mais última que se pode dar de si". É entrar em contato com sentimentos que todos possuem [...] Clarice é destaque em 2010, ano em que faria 90. Ela foi também um dos eixos temáticos da Bienal do Livro de São Paulo, em agosto.

Clarice é ainda um convite à literatura, de que é um dos principais nomes no país. Daí a ideia da editora Rocco de promover apresentações de contadores de história para crianças e adolescentes, iniciativa que revela uma linha de produção pouco explorada da autora, a infantojuvenil.

MAIA, Maria Carolina.Disponível em: <http://veja.abril.com.br/blog/meus-livros/leituras-cruzadas/clarice-para-adulto-para-crianca-e-para-gringo-ler/>. (Acesso em 23 maio 2011).

"Às vezes, quando duas pessoas estão juntas, apesar de falarem, o que elas comunicam silenciosamente uma à outra é o sentimento de solidão."

"... amor será dar de presente um ao outro a própria solidão? Pois é a coisa mais última que se pode dar de si."

Comente essas passagens, argumentando sobre o tema a que ela nos conduz.

Vamos escrever

Antes da produção desse texto, faça o seguinte:

- Procure editoriais em jornais da semana, recorte-os e traga para a classe.
- Identifique os argumentos, fatos, opiniões e conclusões.
- Procure identificar falhas de raciocínio.
- Verifique se há incoerências.

Aproveitando do que já aprenderam, reúnam-se em grupos e procurem fazer pesquisas em sua comunidade sobre um determinado assunto para, depois, redigirem um editorial, posicionando-se crítica e coerentemente sobre o tema escolhido e tomando o partido da comunidade em que vivem. Pode ser a sua própria escola ou mesmo comunidades de bairros. Não se esqueçam de sempre fazer consultas variadas e ao mesmo tempo voltar ao texto que dá explicações do que seja um editorial. Escolham o tema a ser discutido, organizem os itens para a redação final e depois apresentem o texto para a classe.

Autoavaliação e reescrita

sim	não	
☐	☐	Foram feitas as pesquisas de acordo com o tema escolhido?
☐	☐	O editorial realmente foi convincente, isto é, convenceu as pessoas que o leram?
☐	☐	Houve coerência nos posicionamentos e na apresentação dos argumentos?
☐	☐	Os argumentos e pontos de vista mostraram com clareza a opinião?

Bibliografia geral

ABREU, Luiz Soares. *Curso de redação*. São Paulo: Ática, 2004.

BLIKSTEIN, Isidoro. *Técnicas de comunicação escrita*. São Paulo: Ática, 1985.

FIORIN, José Luiz; SAVIOLI, Francisco Platão. *Para entender o texto*: leitura e redação. São Paulo: Ática, 2007.

GARCIA, Othon M. *Comunicação em prosa moderna*. Rio de Janeiro: Fundação Getulio Vargas, 2010.

GUIMARÃES, Elisa. *A articulação do texto*. São Paulo: Ática, 2007.

LAGE, Nilson. *Linguagem jornalística*. São Paulo: Ática, 2007.

LANDSMAN, Liliana Tolchinski. *Aprendizagem da linguagem escrita*. São Paulo: Ática, 1998.

PRETI, Dino. *Sociolinguística*: os níveis da fala, um estudo sociolinguístico do diálogo na Literatura Brasileira. São Paulo: Nacional, 2003.

RATHS, Luís E. *Ensinar e pensar*. São Paulo: Herder, 1977.

RODARI, Gianni. *Gramática da fantasia*. São Paulo: Summus, 1982.